Il Declino della Sinistra

Come tornare a parlare alla pancia delle persone

Ale ZORZI

Il Declino della Sinistra
Come tornare a parlare alla pancia delle persone
Copyright © 2024 Ale ZORZI

Codice ISBN: 9798300750787

Il Declino della Sinistra
Come tornare a parlare alla pancia delle persone

SOMMARIO

Introduzione: Perché la sinistra non vince più?

1.1 Breve panoramica sul declino elettorale della sinistra in Italia e nel mondo.

Negli ultimi decenni, il panorama politico internazionale ha assistito a un fenomeno sorprendente: il graduale ma inesorabile declino elettorale della sinistra. Una forza politica che, per gran parte del Novecento, ha rappresentato la voce delle classi lavoratrici e delle fasce più deboli della società, sembra oggi aver perso la capacità di mobilitare le masse e di ottenere consensi stabili e significativi.

In Italia, la traiettoria della sinistra è emblematica. Dal Partito Comunista Italiano (PCI), una delle più grandi formazioni comuniste dell'Europa occidentale, al Partito Democratico (PD) attuale, il percorso è stato segnato da profonde trasformazioni ideologiche e strategiche. Se il PCI era capace di ottenere oltre il 30% dei voti nelle elezioni nazionali degli anni '70 e '80, il PD – erede di quella tradizione, ma anche di altre correnti di sinistra moderata e cattolico-democratica – oggi fatica a raggiungere il 20%. Questo declino non è però solo quantitativo, ma anche qualitativo: si è ridotto il legame organico con i lavoratori e con i territori, in particolare con le periferie, che una volta erano le vere roccaforti della sinistra.

A livello globale, il quadro è altrettanto desolante. In Francia, il Partito Socialista – che nel 2012 portò François Hollande all'Eliseo – è ormai marginalizzato, incapace di contrastare sia la destra populista di Marine Le Pen che il centrismo di Emmanuel Macron. Nel Regno Unito, il Partito Laburista, una volta forza dominante della politica britannica, ha subito sconfitte storiche, come quella del 2019 sotto la guida di Jeremy Corbyn, che ha segnato la perdita di tradizionali roccaforti industriali a favore del Partito Conservatore di Boris Johnson. Anche in Germania, sebbene l'SPD sia riuscito a tornare al governo, il suo peso elettorale si è notevolmente ridotto rispetto ai decenni del dopoguerra.

Questo trend non è confinato all'Europa. Negli Stati Uniti, il Partito Democratico ha dovuto fare i conti con un crescente scetticismo delle classi lavoratrici, sempre più attratte dai messaggi populisti di destra, come dimostrato dalla recente vittoria di Donald Trump contro Joe Biden. Anche in Argentina, l'elezione di Javier Milei alla presidenza segna un ulteriore passo avanti delle forze conservatrici e populiste, evidenziando una tendenza globale verso il successo di leader che propongono soluzioni radicali e un forte discorso anti-establishment.

Le cause del declino

Questa crisi non può essere attribuita a un singolo fattore. Al contrario, è il risultato di una combinazione di elementi economici, sociali e culturali che hanno profondamente trasformato il tessuto delle società occidentali e il ruolo della politica.

1. **La globalizzazione economica:**

La globalizzazione ha ridisegnato i confini del potere economico, trasferendo molte competenze dallo Stato-nazione alle grandi multinazionali e alle istituzioni sovranazionali. Questo ha reso più difficile per la sinistra tradizionale mantenere la sua promessa di protezione dei lavoratori, poiché i capitali e le imprese sono diventati più mobili, sfuggendo al controllo delle singole nazioni.

2. **La frammentazione del lavoro:**

L'erosione del lavoro stabile e l'emergere di nuove forme di occupazione precaria hanno indebolito il tradizionale legame tra i partiti di sinistra e la classe operaia. Mentre un tempo il sindacato rappresentava un potente strumento di organizzazione e mobilitazione, oggi la frammentazione del lavoro rende più difficile costruire una solidarietà collettiva.

3. **La crisi dei grandi racconti ideologici:**

Il crollo del Muro di Berlino ha segnato non solo la fine del comunismo come modello alternativo al capitalismo, ma anche una crisi più generale delle grandi narrazioni ideologiche. La sinistra, priva di un progetto utopico convincente, è sembrata incapace di offrire un'alternativa sistemica al neoliberismo.

4. **Il mutamento delle priorità politiche:**

Con l'avvento di nuove sfide globali – come il cambiamento climatico, la digitalizzazione e i flussi migratori – la sinistra ha spostato l'attenzione su temi importanti, ma spesso percepiti come astratti o lontani dai problemi quotidiani delle persone. Questo cambiamento ha alienato una parte significativa dell'elettorato tradizionale, che vede questi temi come meno urgenti rispetto a questioni come il lavoro, il salario e la sicurezza economica.

Un problema di rappresentanza e linguaggio
Un altro elemento centrale nel declino della sinistra è l'incapacità di adattare il proprio linguaggio e le proprie strategie comunicative alle nuove dinamiche sociali. La destra populista, al contrario, ha dimostrato una straordinaria capacità di parlare alla "pancia" delle persone, utilizzando un linguaggio semplice, diretto ed emotivo. La sinistra, invece, è spesso accusata di essere "tecnica" e "intellettualistica", poco comprensibile e distante dai problemi reali.

In questo contesto, la percezione di una sinistra "radical chic" – attenta ai diritti delle minoranze e alle questioni ambientali, ma disinteressata alle difficoltà quotidiane delle classi popolari – ha contribuito ad allontanare ulteriormente una parte significativa dell'elettorato.

La domanda fondamentale

Il declino elettorale della sinistra non è inevitabile, ma solleva una domanda cruciale: può la sinistra riconquistare il ruolo di rappresentante delle classi popolari? Per farlo, dovrà ritrovare il coraggio di parlare al portafoglio e alla pancia delle persone, senza rinunciare ai propri ideali. Questo sarà il tema centrale delle pagine che seguiranno.

1.2 L'assunto di base: l'allontanamento dal linguaggio della "pancia" e dal portafoglio delle persone.

Se la sinistra ha conosciuto un periodo di straordinario successo nel corso del Novecento, è perché era riuscita a costruire un linguaggio capace di parlare direttamente alla "pancia" e al "portafoglio" delle persone. Questo approccio non era casuale, ma il risultato di una precisa strategia politica e culturale: rappresentare i bisogni materiali delle classi popolari e difendere il loro benessere economico. Tuttavia, negli ultimi decenni, questa connessione si è progressivamente spezzata, lasciando un vuoto che altre forze politiche – in particolare i populismi di destra – hanno saputo occupare.

Un legame perduto

Per comprendere questo allontanamento, è necessario partire dalla natura stessa del linguaggio politico. Il linguaggio della sinistra storica era semplice, diretto, e centrato su obiettivi concreti: salari dignitosi, condizioni di lavoro sicure, accesso universale a servizi essenziali come la sanità e l'istruzione. Non si trattava solo di slogan: queste rivendicazioni erano radicate nella realtà quotidiana delle persone, trasformandosi in un potente strumento di mobilitazione.

Il PCI in Italia, per esempio, parlava direttamente ai lavoratori nelle fabbriche e nei quartieri popolari, utilizzando un linguaggio emotivo e inclusivo che faceva leva su un nemico comune: il *"Padrone"*. Questa polarizzazione, per quanto ideologica, era efficace perché rispondeva a una realtà tangibile. Esisteva una chiara contrapposizione di interessi: da una parte i lavoratori, dall'altra i detentori del capitale. La sinistra offriva una rappresentanza chiara a chi si trovava dalla parte più debole del conflitto.

Oggi, però, questo tipo di rappresentanza è venuto meno. La sinistra, in molte delle sue espressioni, appare lontana dai problemi concreti delle persone. Non parla più di salario, di disoccupazione, di lotta al caro vita, e quando lo fa, spesso utilizza un linguaggio tecnico, poco comprensibile per chi vive una quotidianità di difficoltà economiche. Il risultato è un distacco progressivo tra il mondo politico e quello delle classi popolari, che non si sentono più rappresentate.

Le priorità della sinistra contemporanea

Uno dei motivi principali di questo allontanamento è stato il cambiamento delle priorità politiche. Negli ultimi decenni, la sinistra ha spostato il focus su una serie di battaglie che, sebbene importanti, non riescono a mobilitare le masse in modo significativo. Tra queste troviamo:

- **I diritti civili e sociali:** il matrimonio egualitario, i diritti LGBTQ+, il femminismo intersezionale.
- **L'immigrazione e l'inclusione:** politiche per l'accoglienza e il rispetto delle diversità culturali.
- **La transizione ecologica:** un tema centrale, ma spesso percepito come lontano dai bisogni immediati.

Questi temi, pur fondamentali, hanno contribuito a consolidare l'immagine della sinistra come "radical chic", vicina ai bisogni delle élite urbane e intellettuali, ma distante dalle problematiche delle periferie e delle classi popolari. È importante sottolineare che non sono le battaglie in sé a essere sbagliate: il problema è che queste non si accompagnano a una proposta forte e credibile sul fronte del benessere economico.

Il linguaggio del portafoglio

Per riconnettersi al proprio elettorato storico, la sinistra deve tornare a parlare il linguaggio del "portafoglio". Questo significa affrontare i problemi concreti che le persone vivono ogni giorno, come:

- La precarietà lavorativa, che crea ansia e insicurezza.
- L'erosione del potere d'acquisto, con salari che non crescono e un costo della vita in aumento.
- Le difficoltà di accesso a servizi essenziali, come la sanità e l'istruzione, che sempre più spesso appaiono privatizzati o inaccessibili.

La destra populista, con tutti i suoi limiti, ha saputo sfruttare questa mancanza, offrendo risposte semplici a problemi complessi. Spesso si tratta di risposte demagogiche o irrealistiche – come l'idea di ridurre le tasse senza tagliare servizi, o di proteggere l'economia nazionale con politiche protezionistiche – ma funzionano perché vengono percepite come risposte immediate a bisogni reali.

La sinistra, al contrario, ha spesso evitato di confrontarsi direttamente con questi problemi, o lo ha fatto in modo troppo astratto. Parlare di "redistribuzione fiscale" o di "equità sociale" non è sufficiente, se non si traducono questi concetti in proposte concrete che possano migliorare il bilancio familiare delle persone.

Un'assenza di nemico

Un altro elemento fondamentale è la mancanza di un "nemico" riconoscibile. Nel passato, il *Padrone* era il simbolo del sistema oppressivo contro cui combattere. Oggi, il nemico è meno definito: è il sistema neoliberista, le grandi multinazionali, o il mercato globale, ma questi concetti sono troppo astratti per essere trasformati in simboli di una lotta politica concreta.

La destra populista ha risolto questo problema costruendo nemici semplici e tangibili: gli immigrati, la burocrazia europea, le élite globali. La sinistra, al contrario, sembra in difficoltà nel definire un antagonista che possa unire le masse. Questo deficit narrativo contribuisce a rendere meno incisivo il suo messaggio e più difficile mobilitare un elettorato vasto.

La sinistra e le emozioni

Infine, un aspetto spesso sottovalutato è la dimensione emotiva della politica. La sinistra, tradizionalmente più razionalista e ideologica, ha spesso faticato a fare appello alle emozioni delle persone. Tuttavia, la politica non è solo una questione di programmi e contenuti: è anche – e forse soprattutto – una questione di sentimenti, di speranza, di rabbia, di appartenenza.

Per tornare a vincere, la sinistra dovrà imparare a coniugare il linguaggio della ragione con quello del cuore, riconoscendo che le persone non cercano solo soluzioni ai loro problemi materiali, ma anche un senso di identità e di comunità. Parlare al portafoglio, sì, ma senza dimenticare la pancia e il cuore.

Nel prossimo paragrafo, analizzeremo come queste dinamiche si riflettano in una serie di battaglie che, pur giuste, sono state percepite come distanti dai bisogni della maggioranza, alimentando la crisi di consenso della sinistra.

1.3   Il confronto con il passato: dal PCI al "radical chic"

Il confronto tra il PCI del Novecento e la sinistra contemporanea rivela una trasformazione profonda, quasi radicale, nell'identità, nei metodi e nei valori di riferimento. Il Partito Comunista Italiano, il più grande partito comunista dell'Europa occidentale, non era solo un'organizzazione politica: cra un movimento sociale radicato nelle fabbriche, nei quartieri popolari e nelle periferie urbane. Il PCI rappresentava un'alleanza tra ideologia e realtà quotidiana, capace di tradurre grandi idee – come il marxismo e il socialismo – in obiettivi concreti e immediati per milioni di lavoratori.

Il successo del PCI non derivava solo dalle sue proposte politiche, ma dalla capacità di incarnare una visione chiara e riconoscibile della società. Parlava alle persone con un linguaggio semplice e diretto, ma carico di significati: il *"Padrone"* era il simbolo di un sistema da combattere, mentre i lavoratori e le loro famiglie erano gli eroi di una narrazione collettiva. Non si trattava solo di ideologia: il PCI viveva nei luoghi di lavoro e nelle sezioni di quartiere, organizzando incontri, sostenendo le lotte sindacali e offrendo un senso di comunità a chi sentiva di non avere voce.

La rottura con le radici popolari

Con il crollo del Muro di Berlino e la fine della Guerra Fredda, il PCI si è trasformato, dapprima nel Partito Democratico della Sinistra (PDS), poi nei Democratici di Sinistra (DS), e infine nel Partito Democratico (PD).

Questo processo di mutazione ha comportato un progressivo allontanamento dalle sue radici popolari. Con il venir meno delle grandi fabbriche, la sinistra ha perso il legame diretto con i lavoratori manuali, spostando il proprio baricentro verso le classi medie urbane e intellettuali.

Il PCI era una forza politica che rappresentava apertamente le classi subalterne; il PD, invece, è stato spesso percepito come il partito dell'establishment, vicino agli interessi di professionisti, accademici e manager. Questa trasformazione è visibile anche nella scelta dei temi prioritari: mentre il PCI parlava di salario, diritti sindacali e lotta alla disoccupazione, il PD ha privilegiato temi come l'innovazione tecnologica, l'integrazione europea e i diritti civili, che, per quanto importanti, non rispondono direttamente alle preoccupazioni economiche delle classi popolari.

L'immagine "radical chic"

L'etichetta di "radical chic" non è nata per caso. Essa riflette la percezione diffusa di una sinistra distante dai bisogni reali delle persone comuni, più interessata a questioni astratte o a battaglie percepite come elitiste. Questa immagine è stata alimentata da una comunicazione spesso autoreferenziale, incentrata su valori universali che, però, non sempre si traducono in un miglioramento tangibile della vita quotidiana.

Per esempio:

- **Temi come l'immigrazione** vengono spesso affrontati dalla sinistra con un linguaggio che enfatizza l'accoglienza e la solidarietà, ma che ignora il senso di insicurezza percepito in molti quartieri popolari.
- **Le politiche ambientali** sono state presentate come necessarie e urgenti – e lo sono – ma senza spiegare chiaramente come la transizione ecologica possa creare nuove opportunità per i lavoratori e le famiglie.
- **La difesa dei diritti delle minoranze** è sacrosanta, ma è stata percepita da alcuni settori dell'elettorato come una priorità sovraordinata rispetto a problemi come la disoccupazione o l'erosione dei salari.

Questa tendenza ha rafforzato l'impressione che la sinistra parli più agli intellettuali e agli opinion leader che alle persone comuni, contribuendo a un divario sempre più evidente tra la sua leadership e l'elettorato tradizionale.

La perdita della dimensione comunitaria

Un altro aspetto cruciale del cambiamento è stato l'erosione della dimensione comunitaria che caratterizzava il PCI. Le sezioni di quartiere e i circoli culturali del PCI non erano solo luoghi di attività politica, ma anche spazi di aggregazione e socialità. La sinistra era presente nella vita quotidiana delle persone, offrendo un punto di riferimento stabile e un senso di appartenenza.

Oggi, questa dimensione è quasi scomparsa. Il radicamento territoriale è stato sostituito da una politica sempre più virtuale, dominata dai social media e dai grandi eventi. Questo ha reso la sinistra meno capace di intercettare i bisogni reali delle persone, e meno influente nei contesti locali dove si costruisce il consenso politico.

Un cambiamento culturale e simbolico

Il passaggio dal PCI al "radical chic" non è solo una questione di scelte politiche, ma riflette anche un cambiamento culturale e simbolico. Mentre il PCI era il partito delle mani sporche di lavoro, il PD e altre forze di sinistra contemporanee sono spesso percepite come il partito delle "mani pulite", ma anche lontane dal sudore e dalla fatica delle classi lavoratrici. Questo cambiamento è evidente anche nel linguaggio utilizzato: parole come "solidarietà" e "lotta" sono state sostituite da termini più neutri e tecnocratici come "equità" e "sostenibilità".

Questa trasformazione ha portato la sinistra a perdere quella capacità di parlare alla pancia delle persone che un tempo era la sua forza. Senza un linguaggio emotivo e diretto, capace di mobilitare le masse, è diventato difficile costruire una base elettorale solida e fedele.

Un'eredità da riscoprire

Il confronto con il passato non deve essere solo motivo di rimpianto, ma uno stimolo a riscoprire l'eredità positiva del PCI e di altre forze della sinistra storica. Il radicamento nei territori, l'attenzione ai bisogni materiali e la capacità di creare un senso di comunità sono lezioni ancora valide, che possono offrire una guida per il futuro.

Parte I: Il passato come modello

1.4 Il PCI e la politica del benessere economico

1.4.1 Il ruolo centrale delle lotte sindacali.

Uno degli elementi chiave del successo del Partito Comunista Italiano (PCI) nel Novecento è stato il ruolo centrale delle lotte sindacali nella sua strategia politica. Il PCI non era solo un partito politico: era il cuore pulsante di un movimento più ampio che includeva sindacati, cooperative e associazioni culturali, un sistema integrato che condivideva lo stesso obiettivo: migliorare le condizioni di vita delle classi lavoratrici e delle loro famiglie.

Le lotte sindacali rappresentavano il mezzo principale attraverso cui il PCI parlava direttamente al "portafoglio" delle persone, rispondendo alle loro esigenze materiali. Ogni conquista sindacale – dall'aumento dei salari alla riduzione dell'orario di lavoro, fino al miglioramento delle condizioni di sicurezza nelle fabbriche – era un passo concreto verso un benessere più equo, tangibile nella vita quotidiana.

Il sindacato come strumento di mobilitazione e rappresentanza

Negli anni del boom economico, il sindacato rappresentava il principale punto di contatto tra i lavoratori e la politica. Il PCI agiva in stretta sinergia con la Confederazione Generale Italiana del Lavoro (CGIL), il più grande sindacato italiano, che fungeva da veicolo per organizzare le rivendicazioni dei lavoratori e portarle al centro dell'agenda politica.

Le lotte sindacali erano alimentate da un linguaggio chiaro e diretto, che faceva appello a concetti come giustizia, uguaglianza e dignità del lavoro. Questo linguaggio non solo rendeva il PCI riconoscibile e vicino ai lavoratori, ma costruiva anche una narrazione che univa le persone attorno a un obiettivo comune: emanciparsi da una condizione di sfruttamento.

Per esempio, la lotta per l'**orario lavorativo di 8 ore**, iniziata nel primo Novecento e culminata in importanti conquiste negli anni '70, non era solo una questione tecnica, ma un simbolo di dignità. Allo stesso modo, la richiesta di aumenti salariali non era vista solo come un mezzo per migliorare il bilancio familiare, ma come un riconoscimento del valore sociale del lavoro.

Le grandi vertenze come momenti di mobilitazione collettiva

Un altro aspetto centrale delle lotte sindacali del PCI era la loro capacità di trasformare le vertenze economiche in battaglie collettive, che coinvolgevano non solo i lavoratori, ma intere comunità. Le fabbriche erano il centro di queste lotte, ma la loro eco si estendeva ai quartieri popolari, creando una rete di solidarietà che univa chi lavorava con chi ne beneficiava indirettamente.

Le manifestazioni e gli scioperi diventavano così eventi che trascendevano il luogo di lavoro. Una vertenza sindacale, come quella per i diritti dei metalmeccanici negli anni '60 e '70, non riguardava solo i dipendenti delle grandi fabbriche come la FIAT o l'ILVA, ma toccava anche i piccoli commercianti, le famiglie e gli studenti, che vedevano in quelle lotte un simbolo della possibilità di cambiamento.

In questo contesto, il PCI non era solo un osservatore esterno, ma un attore attivo. I dirigenti del partito partecipavano direttamente alle lotte, condividendo gli stessi rischi e le stesse speranze dei lavoratori. Questa vicinanza rafforzava il legame di fiducia tra il partito e le classi popolari, rendendo il PCI una forza politica autenticamente radicata nei bisogni della società.

Il "Padrone" come nemico simbolico

Le lotte sindacali erano inoltre costruite attorno a una narrazione che identificava chiaramente il nemico: il *"Padrone"*. Questo termine, che racchiudeva l'essenza dello sfruttamento capitalistico, era un simbolo potente, capace di trasformare le disuguaglianze economiche in una questione morale.

Il PCI e il sindacato riuscivano a incanalare la rabbia e il risentimento dei lavoratori contro un bersaglio preciso, evitando che queste emozioni si disperdessero o venissero strumentalizzate da altre forze politiche. Il conflitto tra lavoratori e padroni non era solo un dato economico, ma una battaglia etica per una società più giusta.

Questo antagonismo chiaro e definito aveva il vantaggio di semplificare la complessità del sistema economico, offrendo ai lavoratori una chiave di lettura immediata delle proprie difficoltà. Se oggi la sinistra fatica a identificare un nemico altrettanto efficace, è in parte perché i rapporti di forza economici si sono spostati, rendendo meno visibile il confine tra chi detiene il potere e chi lo subisce.

Il risultato delle lotte: miglioramenti reali e tangibili

Un aspetto fondamentale del successo del PCI e delle sue lotte sindacali era la capacità di ottenere risultati concreti. Le conquiste ottenute non rimanevano promesse o principi astratti, ma miglioravano effettivamente la vita delle persone. Tra le vittorie più significative si ricordano:

- **La creazione dello Statuto dei Lavoratori (1970):** un testo legislativo che garantiva diritti fondamentali ai lavoratori, come la tutela contro i licenziamenti illegittimi e la libertà sindacale nei luoghi di lavoro.
- **L'espansione del welfare:** con l'introduzione di misure come le pensioni per i lavoratori agricoli, l'assistenza sanitaria universale e i sussidi di disoccupazione.
- **L'equità salariale:** grazie a un sistema di contrattazione collettiva che garantiva aumenti proporzionali e riduceva le disparità tra le diverse categorie di lavoratori.

Questi successi non solo rafforzavano la fiducia dei lavoratori nel PCI, ma dimostravano che il cambiamento era possibile, alimentando un senso di speranza e partecipazione attiva.

Un modello da recuperare

L'esperienza del PCI e il ruolo centrale delle lotte sindacali rappresentano un modello da cui la sinistra contemporanea potrebbe trarre ispirazione. Ritornare a parlare di salario, sicurezza sul lavoro e diritti economici non significa rinnegare i valori universali della sinistra moderna, ma ricostruire un legame con la base sociale che storicamente l'ha sostenuta.

1.4.2 La costruzione del "nemico" (il Padrone) e l'unità attorno a obiettivi concreti.

Uno degli elementi più potenti del successo del PCI e della sinistra storica è stata la capacità di identificare un "nemico" chiaro e immediatamente riconoscibile: il *Padrone*. Questo non era semplicemente il datore di lavoro, ma un simbolo collettivo, che rappresentava un sistema economico ingiusto, basato sullo sfruttamento delle classi lavoratrici a vantaggio di una minoranza privilegiata.

Il Padrone come archetipo di disuguaglianza

Il termine *"Padrone"* condensava in sé una serie di significati profondi e facilmente comprensibili. Esso rappresentava non solo l'individuo che possedeva la fabbrica o l'azienda, ma anche il potere economico e politico che manteneva lo status quo. Il *Padrone* incarnava un modello di società in cui pochi concentravano ricchezze e diritti, mentre molti vivevano in condizioni di precarietà, sacrificio e subordinazione.

La forza di questo simbolo stava nella sua concretezza. Era qualcosa che i lavoratori potevano vedere e toccare nella loro vita quotidiana:

- Il *Padrone* era colui che decideva i turni di lavoro insostenibili.
- Era colui che negava gli aumenti salariali, nonostante i profitti crescessero.

- Era colui che chiudeva la fabbrica per delocalizzare la produzione, lasciando intere comunità senza lavoro.

Questo nemico non era astratto né distante. Era una figura tangibile, il che permetteva di costruire una narrazione semplice e potente: **"noi contro di loro"**. Una narrazione che non divideva per ideologia o cultura, ma univa le classi subalterne attorno a una causa comune.

Il nemico come elemento di coesione

La costruzione del "nemico" non era fine a sé stessa, ma aveva un obiettivo più grande: creare coesione sociale e politica. In un contesto caratterizzato da profonde differenze territoriali, culturali e professionali, il concetto di *Padrone* offriva un'identità collettiva unificante.

Questa costruzione era particolarmente efficace perché non si limitava a demonizzare il nemico: accanto alla critica, venivano proposti obiettivi concreti per combatterlo. L'immagine del *Padrone* come oppressore si accompagnava a rivendicazioni specifiche, che davano alle persone una direzione verso cui incanalare la propria frustrazione e il proprio desiderio di cambiamento.

Per esempio:

- **La lotta per la sicurezza sul lavoro** puntava a ridurre gli incidenti nelle fabbriche, spesso causati dalla negligenza dei padroni interessati solo al profitto.

- **La battaglia per l'equità salariale** mirava a redistribuire la ricchezza prodotta, sottraendola al controllo esclusivo del datore di lavoro.
- **Le rivendicazioni per i diritti sindacali** permettevano ai lavoratori di organizzarsi, riducendo lo squilibrio di potere tra loro e il *Padrone*.

Questi obiettivi concreti rafforzavano il senso di unità, perché tutti potevano riconoscersi in essi. Anche chi non era direttamente coinvolto nelle lotte – come le casalinghe o i piccoli commercianti – percepiva il cambiamento come una possibile fonte di miglioramento collettivo.

La personalizzazione del conflitto

Un aspetto interessante del simbolo del *Padrone* era la sua capacità di essere adattato a contesti diversi. In alcune situazioni, il nemico veniva identificato con una figura specifica: il proprietario di una grande azienda, il dirigente che imponeva condizioni insostenibili, il politico che proteggeva gli interessi padronali. Questa personalizzazione del conflitto aveva un forte impatto emotivo, rendendo il problema non solo teorico, ma immediatamente riconoscibile.

Ad esempio, durante gli scioperi storici alla FIAT, il nemico non era solo il "capitalismo" in senso astratto, ma aveva un volto: la dirigenza dell'azienda, percepita come lontana dai lavoratori e dai loro bisogni. Questo permetteva di focalizzare la rabbia e la frustrazione su un obiettivo preciso, rendendo le mobilitazioni più incisive.

La narrazione di emancipazione e speranza

La forza della costruzione del nemico non stava solo nella critica, ma anche nella proposta di un futuro migliore. La narrazione della sinistra storica non si limitava a denunciare il Padrone come simbolo di disuguaglianza, ma proponeva un modello di società in cui il potere fosse redistribuito.

Il PCI offriva una visione di emancipazione in cui i lavoratori diventavano protagonisti del proprio destino, grazie alla solidarietà, all'organizzazione e alla lotta collettiva. Questa visione non era utopica, ma ancorata a obiettivi concreti e raggiungibili:

- **Il diritto a un salario dignitoso.**
- **La riduzione delle ore di lavoro.**
- **L'accesso universale a servizi fondamentali come sanità, istruzione e pensioni.**

Questi risultati, quando ottenuti, rafforzavano il senso di fiducia nella capacità del movimento di trasformare la società.

La perdita del nemico nella sinistra contemporanea

La sinistra contemporanea, a differenza del passato, fatica a identificare un nemico altrettanto chiaro e condiviso. Con la globalizzazione, il volto del *"Padrone"* è diventato più sfuggente: non è più l'imprenditore locale, ma una multinazionale senza volto, o un sistema finanziario percepito come astratto e lontano. Questo cambiamento ha reso più difficile costruire una narrazione di opposizione che possa mobilitare le masse.

Inoltre, l'attenzione a temi globali – come il cambiamento climatico, i diritti civili e l'integrazione europea – ha frammentato il consenso, spostandolo da obiettivi materiali e concreti verso battaglie percepite come più astratte. La mancanza di un nemico chiaro ha ridotto la capacità della sinistra di costruire una narrativa efficace e unificante.

Un modello da recuperare

Il modello del PCI, basato sulla costruzione di un nemico condiviso e su obiettivi concreti, offre spunti preziosi per la sinistra contemporanea. Anche se i *"padroni"* di oggi sono diversi – le multinazionali, il sistema finanziario, o l'intelligenza artificiale che minaccia posti di lavoro – essi possono essere trasformati in simboli comprensibili e mobilitanti, purché la sinistra riesca a tradurre le paure e le aspirazioni delle persone in proposte chiare e accessibili.

1.4.3 I successi e il consenso popolare legati alla redistribuzione economica.

Una delle pietre miliari del successo della sinistra storica, incarnata in Italia dal PCI e da altri movimenti socialisti e comunisti nel mondo, è stata la sua capacità di costruire consenso attorno a una politica di **redistribuzione economica**. Questo approccio, basato su una visione etica ed equa della società, non solo ha migliorato le condizioni materiali delle classi popolari, ma ha anche alimentato un senso di fiducia e appartenenza nei confronti del progetto politico della sinistra.

La redistribuzione come strategia centrale

La redistribuzione economica non era una promessa vaga, ma una strategia attiva e concreta per affrontare le disuguaglianze. Si trattava di trasferire risorse da chi aveva di più – le élite economiche e i detentori del capitale – a chi aveva di meno, attraverso politiche che includevano:

- **Progressività fiscale:** l'imposizione di tasse più alte per i redditi elevati e sgravi per quelli bassi.
- **Welfare state universale:** la creazione di un sistema di protezione sociale, come l'assistenza sanitaria gratuita, le pensioni pubbliche e i sussidi di disoccupazione.
- **Salario minimo garantito e contrattazione collettiva:** strumenti per assicurare un tenore di vita dignitoso ai lavoratori, anche nei settori meno remunerativi.

Esempi di successo in Italia

Durante il periodo d'oro della sinistra italiana, soprattutto negli anni '60 e '70, le politiche di redistribuzione hanno generato risultati tangibili che hanno trasformato la vita di milioni di persone:

1. **Lo Statuto dei Lavoratori (1970):** introdusse diritti fondamentali come la libertà sindacale nei luoghi di lavoro e tutele contro i licenziamenti arbitrari. Questo strumento legislativo era il risultato diretto di una visione redistributiva che mirava a riequilibrare il potere tra lavoratori e datori di lavoro.

2. **L'espansione del sistema sanitario nazionale:** istituito nel 1978, garantì l'accesso alle cure mediche a tutti i cittadini, indipendentemente dal reddito, superando le profonde disuguaglianze territoriali e sociali.

3. **La crescita dei salari reali:** grazie alla forte presenza sindacale e alla contrattazione collettiva, il potere d'acquisto delle famiglie operaie aumentò in modo significativo, consentendo a molti di accedere per la prima volta a beni di consumo come automobili, elettrodomestici e vacanze.

4. **L'istruzione gratuita e accessibile:** l'introduzione della scuola media unica e il sostegno all'università pubblica ampliarono l'accesso all'istruzione, permettendo ai figli dei lavoratori di migliorare la propria posizione sociale.

La costruzione del consenso attorno alla redistribuzione

Questi successi non solo miglioravano la vita materiale delle persone, ma rafforzavano l'idea che la politica potesse essere uno strumento di emancipazione collettiva. La redistribuzione, infatti, non era percepita come un "atto caritatevole", ma come il risultato di lotte condivise e di una visione comune della società.

Le persone si sentivano parte di un progetto più grande, in cui la solidarietà non era un valore astratto, ma un'azione concreta. Questo senso di appartenenza si traduceva in:

- Partecipazione attiva alle lotte sindacali e politiche.
- Fedeltà elettorale alla sinistra, vista come la forza capace di rappresentare realmente gli interessi delle classi popolari.
- Un'identità collettiva forte, basata sull'idea che il benessere individuale fosse strettamente legato a quello della comunità.

Il modello scandinavo come esempio internazionale

Anche al di fuori dell'Italia, la sinistra ha ottenuto successi significativi attraverso politiche di redistribuzione. I paesi scandinavi, in particolare, sono stati un esempio lampante di come la redistribuzione economica possa costruire società coese e prospere.

- **Tassazione progressiva e generoso welfare state:** in paesi come Svezia, Norvegia e Danimarca, le politiche redistributive hanno ridotto le disuguaglianze a livelli tra i più bassi al mondo, garantendo al contempo alti standard di vita.

- **Alto livello di istruzione e sanità pubblica:** pilastri di una mobilità sociale concreta, che ha permesso alle generazioni successive di migliorare le proprie condizioni di vita rispetto a quelle precedenti.

Questi modelli dimostrano che la redistribuzione non è solo una questione di giustizia sociale, ma anche una strategia efficace per stimolare la crescita economica e garantire stabilità politica.

Il ruolo del simbolismo e della narrazione

Il consenso attorno alla redistribuzione non era solo una questione di numeri o risultati tangibili: era anche il frutto di una narrazione politica che faceva appello all'etica e alla giustizia. I leader della sinistra storica erano abili nel collegare le politiche redistributive a valori universali, come la dignità del lavoro e l'uguaglianza di opportunità.

Questa narrazione trasformava le politiche economiche in una missione morale: non si trattava solo di spostare risorse, ma di costruire una società più equa, in cui ogni individuo potesse vivere una vita degna.

Il declino del consenso: lezioni dal passato

Con il passare del tempo, e con l'affermarsi del neoliberismo a partire dagli anni '80, molte di queste conquiste redistributive sono state progressivamente erose. La sinistra, spesso, non è riuscita a opporsi efficacemente a questa tendenza, perdendo il contatto con il suo elettorato tradizionale.

La lezione del passato, tuttavia, resta valida: per riconquistare il consenso, la sinistra deve tornare a parlare con chiarezza di redistribuzione economica. Ciò significa:

- Porre al centro il tema del lavoro e del reddito, riconoscendo che molte persone sentono di essere state lasciate indietro dalla globalizzazione.
- Costruire un messaggio che renda evidente il legame tra politiche redistributive e miglioramento della qualità della vita.
- Recuperare il senso di appartenenza e solidarietà, riaffermando che il progresso individuale e collettivo sono due facce della stessa medaglia.

Conclusione: una via da ritrovare

I successi storici della sinistra legati alla redistribuzione economica mostrano che un progetto politico centrato sui bisogni materiali delle persone è non solo possibile, ma anche capace di generare consenso duraturo. Per la sinistra di oggi, il passato non è solo un ricordo, ma un punto di partenza per riscoprire le radici di un'azione politica che sia davvero al servizio della maggioranza.

1.5 L'ideale tradito: la frattura tra rappresentanza e bisogni

1.5.1 La trasformazione economica e sociale dell'Italia: dalla fabbrica ai servizi

Negli ultimi decenni, l'Italia – come molte altre economie avanzate – ha attraversato una profonda trasformazione economica e sociale. Questo cambiamento, caratterizzato dal passaggio da un'economia industriale basata sulla fabbrica a una post-industriale dominata dal settore dei servizi, ha modificato radicalmente le dinamiche del lavoro, della società e della politica. La sinistra, storicamente radicata nel mondo operaio e nelle lotte sindacali, non è riuscita a rispondere in modo adeguato a queste trasformazioni, creando una frattura tra la sua rappresentanza e i bisogni reali di una società in evoluzione.

Il tramonto dell'Italia industriale

Tra gli anni '50 e '70, l'Italia era una nazione industriale in piena espansione, con grandi poli produttivi – come Torino, Milano, Genova, e il Nord-Est – che rappresentavano il cuore pulsante dell'economia. La fabbrica era non solo un luogo di lavoro, ma anche uno spazio di socializzazione e identità collettiva.

- **La fabbrica come epicentro della lotta politica:** la concentrazione di lavoratori in grandi stabilimenti facilitava l'organizzazione sindacale e la diffusione delle idee politiche di sinistra. Le rivendicazioni per salari migliori, orari più brevi e condizioni di lavoro dignitose erano battaglie comuni e visibili, che rafforzavano il legame tra i lavoratori e i partiti della sinistra.

A partire dagli anni '80, tuttavia, questo scenario iniziò a cambiare radicalmente.

- La crisi industriale e la delocalizzazione portarono alla chiusura di molte fabbriche, soprattutto nel Sud e nelle aree meno competitive.
- La tecnologia e l'automazione ridussero la necessità di manodopera nelle industrie.
- L'Italia si spostò progressivamente verso un'economia terziaria, con una crescente domanda di lavoratori nei settori dei servizi, del commercio e della finanza.

La frammentazione del lavoro

Il passaggio dall'industria ai servizi ha frammentato il mondo del lavoro, rendendolo più precario e meno organizzato. Se la fabbrica era un luogo di aggregazione e identità collettiva, i nuovi lavori – spesso nel terziario o nell'economia informale – sono caratterizzati da:

- **Isolamento:** i lavoratori del terziario raramente condividono uno spazio fisico, rendendo più difficile l'organizzazione sindacale.
- **Precarietà:** l'aumento dei contratti a termine, delle collaborazioni occasionali e del lavoro autonomo ha reso il lavoro meno stabile e i lavoratori più vulnerabili.

- **Eterogeneità:** la diversità delle professioni e delle condizioni lavorative ha frammentato la classe lavoratrice, rendendo più complicato identificare obiettivi comuni.

Questa frammentazione ha avuto un impatto devastante sulla capacità della sinistra di rappresentare i lavoratori. Mentre un tempo era possibile costruire un programma politico chiaro attorno alle esigenze di una classe operaia relativamente omogenea, oggi la sinistra fatica a rispondere ai bisogni di una forza lavoro così diversificata.

La crescita del lavoro autonomo e delle partite IVA

Un altro aspetto della trasformazione economica è stata l'esplosione del lavoro autonomo, delle piccole imprese e delle partite IVA. Questo fenomeno, particolarmente marcato in Italia, ha ulteriormente complicato il panorama politico per la sinistra:

- Molti lavoratori autonomi non si identificano con il tradizionale elettorato della sinistra, percependo quest'ultima come distante o addirittura ostile ai loro interessi.
- La sinistra, abituata a dialogare con grandi collettivi come sindacati e cooperative, ha spesso ignorato le esigenze di questi lavoratori, che si trovano a operare senza protezioni sociali adeguate e con una pressione fiscale sproporzionata.

Il disallineamento tra bisogni e rappresentanza

Con il declino del mondo operaio e la crescita di una società più frammentata e individualizzata, la sinistra ha perso il contatto con molti dei suoi elettori tradizionali. Questa frattura si è aggravata per diverse ragioni:

1. **Incapacità di aggiornare la narrazione politica:** la sinistra ha spesso continuato a usare un linguaggio e una retorica legati a un mondo industriale che non esiste più, risultando anacronistica e fuori luogo per i lavoratori del terziario o del digitale.

2. **Mancanza di proposte concrete per i nuovi lavoratori:** mentre i problemi del precariato e delle disuguaglianze crescevano, la sinistra non è riuscita a proporre soluzioni efficaci, lasciando spazio a forze politiche populiste o di destra, che hanno saputo intercettare meglio il malcontento.

3. **Distanza percepita:** molti elettori hanno cominciato a percepire la sinistra come un'élite intellettuale, più interessata a temi globali o culturali che ai problemi quotidiani delle persone comuni.

Il rischio di irrilevanza politica

La mancata capacità di adattarsi alla trasformazione economica e sociale ha portato la sinistra a perdere progressivamente consenso, soprattutto nelle aree periferiche e nelle piccole città, dove il tessuto industriale è stato più colpito dalla crisi. Questo ha avuto effetti devastanti:

- **Erosione della base elettorale:** nelle regioni un tempo "rosse" come l'Emilia-Romagna e la Toscana, la sinistra ha iniziato a perdere terreno a favore della destra e dei movimenti populisti.

- **Perdita di connessione con il territorio:** senza il radicamento nei luoghi di lavoro e nelle comunità locali, la sinistra ha perso la sua capacità di rappresentare realmente le istanze delle persone.

Una sfida ancora aperta

Se vuole recuperare il suo ruolo storico di rappresentanza delle classi lavoratrici, la sinistra deve affrontare questa frattura e adattarsi ai nuovi scenari economici e sociali. Ciò significa:

- **Ripensare il concetto di lavoro:** riconoscere che il lavoro non si svolge più solo nelle fabbriche, ma anche nei call center, nelle piattaforme digitali, e persino nelle case.

- **Creare nuove forme di rappresentanza:** sviluppare strategie per organizzare e difendere i diritti dei lavoratori precari, autonomi e delle partite IVA.

- **Aggiornare il linguaggio e la narrazione:** parlare in modo concreto e accessibile delle sfide economiche e delle soluzioni possibili, evitando di apparire distanti o elitari.

Il passaggio dalla fabbrica ai servizi non deve essere visto come la fine di un'epoca, ma come una nuova opportunità per ridefinire la missione della sinistra e tornare a essere una forza politica rilevante per le persone comuni.

1.5.2 La globalizzazione e il declino delle lotte collettive.

Negli ultimi decenni, la globalizzazione economica ha trasformato radicalmente i mercati del lavoro e le relazioni sociali in tutto il mondo. Se da un lato ha creato nuove opportunità e accelerato lo sviluppo tecnologico, dall'altro ha accentuato le disuguaglianze economiche, eroso i diritti dei lavoratori e frammentato le comunità. Questo fenomeno ha avuto un impatto devastante sulle lotte collettive, che tradizionalmente costituivano il cuore dell'azione politica della sinistra.

Gli effetti della globalizzazione sul lavoro

La globalizzazione, intesa come l'integrazione dei mercati a livello mondiale, ha introdotto una serie di dinamiche che hanno progressivamente indebolito la capacità dei lavoratori di organizzarsi e rivendicare i propri diritti:

- **Delocalizzazione industriale:** molte aziende, per ridurre i costi, hanno spostato la produzione nei paesi a basso salario. Questo processo ha portato alla chiusura di fabbriche nei paesi occidentali, lasciando milioni di lavoratori senza impiego e disgregando le comunità operaie.

- **Pressione competitiva:** le imprese che rimangono nei paesi industrializzati sono costrette a competere con quelle operanti in contesti meno regolamentati. Ciò si traduce in una compressione salariale, nella riduzione dei diritti e nella precarizzazione del lavoro.

- **L'ascesa delle piattaforme digitali:** modelli economici come quelli delle piattaforme (Uber, Amazon, Deliveroo) hanno ridefinito le modalità di lavoro, spesso sfruttando la flessibilità per aggirare le tutele tradizionali dei lavoratori.

La frammentazione del fronte collettivo

Questi cambiamenti hanno reso sempre più difficile la costruzione di lotte collettive su larga scala. Se nel passato la classe operaia era concentrata nelle fabbriche e nei grandi poli industriali, facilitando la solidarietà e la mobilitazione, oggi il lavoro è caratterizzato da:

- **Disaggregazione geografica:** i lavoratori sono dispersi tra piccoli uffici, attività individuali e piattaforme digitali, rendendo complessa la costruzione di una rete di solidarietà.

- **Divergenza di interessi:** la globalizzazione ha generato una classe lavoratrice più eterogenea, con bisogni e priorità molto diverse. Questo rende difficile creare un messaggio politico unitario che possa mobilitare un ampio consenso.

- **Declino della cultura sindacale:** con la perdita di potere dei sindacati, è venuto meno un importante strumento di rappresentanza e organizzazione collettiva.

La crisi della solidarietà internazionale

Uno degli ideali più forti della sinistra storica era la solidarietà internazionale tra i lavoratori. Tuttavia, la globalizzazione ha ridotto questa visione a un'utopia difficile da praticare:

- **Concorrenza tra lavoratori globali:** i lavoratori dei paesi sviluppati spesso vedono quelli dei paesi in via di sviluppo come concorrenti, piuttosto che come alleati. Le delocalizzazioni, per esempio, sono percepite come una minaccia diretta al proprio impiego, alimentando tensioni e risentimenti.

- **Nazionale contro globale:** in molti paesi, il malcontento generato dalla globalizzazione è stato sfruttato dalla destra, che ha proposto risposte nazionaliste e protezioniste. La sinistra, incapace di offrire una visione convincente di solidarietà globale, ha spesso perso terreno in questo dibattito.

La risposta insufficiente della sinistra

La sinistra, che un tempo guidava le lotte collettive, non è riuscita a proporre un modello alternativo efficace alla globalizzazione neoliberista. In molti casi, si è adattata al nuovo paradigma economico, accettando passivamente le logiche di mercato e abbandonando le battaglie storiche per la redistribuzione e la protezione dei lavoratori.

1. **Accettazione del neoliberismo:** molti partiti di sinistra, a partire dagli anni '90, hanno adottato politiche economiche che favorivano la deregolamentazione, contribuendo in modo indiretto alla precarizzazione del lavoro.

2. **Focus su temi identitari:** mentre i problemi economici e lavorativi si aggravavano, la sinistra ha spostato la sua attenzione su temi importanti, ma percepiti da molti come secondari, come i diritti civili e le questioni identitarie. Questo cambiamento ha contribuito a una crescente alienazione del suo elettorato tradizionale.

Un mondo senza "padroni" visibili

Un altro effetto della globalizzazione è stato lo smantellamento del concetto tradizionale di "padrone". Se nel passato il nemico era chiaramente identificabile nella figura del capitalista locale o nazionale, oggi i veri centri di potere sono spesso invisibili:

- **Corporazioni transnazionali:** i grandi colossi tecnologici e finanziari operano su scala globale, sfuggendo a qualsiasi controllo locale o nazionale.
- **I mercati finanziari:** le decisioni economiche sono sempre più influenzate da dinamiche di borsa, piuttosto che da strategie industriali o politiche.
- **Automazione e intelligenza artificiale:** la riduzione della forza lavoro a causa delle nuove tecnologie sta creando un nuovo tipo di disuguaglianza, in cui il potere è concentrato nelle mani di pochi proprietari di infrastrutture digitali.

Questa perdita di un nemico chiaramente identificabile ha reso più difficile per la sinistra mobilitare i lavoratori attorno a obiettivi condivisi.

Possibili vie d'uscita

Nonostante queste sfide, la sinistra ha ancora la possibilità di recuperare il suo ruolo storico, affrontando con coraggio gli effetti della globalizzazione:

1. **Costruire un nuovo internazionalismo:** promuovere una solidarietà tra lavoratori che vada oltre i confini nazionali, denunciando le ingiustizie globali e proponendo regole più eque per il commercio e i diritti umani.

2. **Regolare i colossi transnazionali:** imporre norme che limitino il potere delle multinazionali, garantendo salari equi e diritti per i lavoratori di tutto il mondo.

3. **Organizzare le nuove forme di lavoro:** sviluppare strategie innovative per rappresentare i lavoratori delle piattaforme digitali, i precari e gli autonomi.

4. **Riaccendere la cultura sindacale:** sostenere la formazione di nuovi sindacati che possano rispondere alle esigenze del lavoro frammentato.

1.5.3 Il progressivo disallineamento della sinistra dai bisogni materiali.

Negli ultimi decenni, la sinistra ha progressivamente perso il legame con i bisogni materiali delle persone comuni, concentrandosi sempre più su temi astratti, culturali e identitari. Questo cambiamento ha contribuito a una crescente alienazione di ampie fasce dell'elettorato tradizionale, soprattutto quelle appartenenti alle classi lavoratrici, che non si riconoscono più in un progetto politico percepito come distante e scollegato dalla realtà quotidiana.

Dai bisogni materiali ai temi simbolici

Storicamente, la sinistra ha costruito il proprio consenso rispondendo ai bisogni concreti delle persone.

A partire dagli anni '90, però, si è verificato un progressivo spostamento dell'attenzione verso:

- **Temi identitari e culturali:** la sinistra ha dedicato un'enfasi crescente a questioni come i diritti LGBTQ+, il multiculturalismo, e la difesa dell'ambiente. Sebbene questi siano temi importanti e giusti, spesso non riescono a rispondere alle preoccupazioni immediate di chi lotta per arrivare a fine mese.
- **Retorica morale ed etica:** molti leader di sinistra hanno adottato un linguaggio che enfatizza valori come la giustizia sociale e l'uguaglianza globale, ma che appare distante dalle preoccupazioni materiali dei cittadini.

Questo spostamento ha creato una dissonanza tra il messaggio della sinistra e i problemi quotidiani di molte persone, che si sentono abbandonate e non rappresentate.

Le conseguenze del disallineamento - La perdita dell'elettorato operaio

Le classi lavoratrici, tradizionale base elettorale della sinistra, si sono progressivamente allontanate:

- **Precariato ignorato:** la sinistra ha spesso fallito nel proporre soluzioni concrete alla precarietà lavorativa, lasciando che il disagio di questi lavoratori fosse intercettato da forze populiste o di destra.

- **Sentimento di tradimento:** l'adozione di politiche economiche neoliberiste da parte di alcuni partiti di sinistra – come la flessibilizzazione del mercato del lavoro o i tagli alla spesa sociale – ha alimentato un senso di tradimento tra gli elettori storici.

L'ascesa della destra populista

Il vuoto lasciato dalla sinistra sul piano dei bisogni materiali è stato abilmente riempito dalla destra populista, che ha saputo:

- **Sfruttare il malcontento economico:** con soluzioni semplicistiche e protezioniste, come il controllo dell'immigrazione e il ritorno a politiche nazionaliste, la destra ha intercettato il malessere di chi si sente escluso dalla globalizzazione.

- **Parlare alla pancia delle persone:** con un linguaggio diretto e aggressivo, ha fatto leva sulla paura e sul risentimento per mobilitare ampie fasce di elettorato.

La percezione di una sinistra elitista

Il disallineamento ha portato a una crescente percezione della sinistra come un movimento elitista, più interessato a questioni teoriche o simboliche che alla vita reale delle persone comuni:

- **"Radical chic":** l'associazione della sinistra con l'élite culturale e intellettuale ha rafforzato l'idea che essa rappresenti i privilegiati delle grandi città piuttosto che i lavoratori delle periferie o delle piccole realtà provinciali.
- **Temi percepiti come estranei:** per molte persone, il focus della sinistra su battaglie globali – come il cambiamento climatico o l'integrazione culturale – appare scollegato dai problemi quotidiani come la disoccupazione, i bassi salari e il costo della vita.

Le radici del disallineamento - La scomparsa delle istituzioni intermedie

Nel passato, il legame tra sinistra e classi lavoratrici era mediato da istituzioni come i sindacati e le cooperative, che:

- Organizzavano i lavoratori attorno a obiettivi concreti.
- Fungendo da ponte tra le istanze locali e il livello politico nazionale.

Con il declino di queste istituzioni, la sinistra ha perso il contatto diretto con la base, diventando sempre più una forza politica distante e tecnocratica.

L'adesione al paradigma neoliberista

A partire dagli anni '80 e '90, molti partiti di sinistra hanno abbracciato il neoliberismo, accettando politiche come la deregolamentazione dei mercati e la privatizzazione dei servizi pubblici. Questo ha avuto effetti devastanti:

- Ha alienato i lavoratori, che si aspettavano dalla sinistra una difesa dei propri diritti.
- Ha indebolito la capacità dello Stato di intervenire per correggere le disuguaglianze.

La pressione delle agende globali

Temi globali come la crisi climatica o i diritti umani sono diventati centrali per la sinistra, ma spesso a scapito delle questioni locali. Questo ha creato una distanza tra le priorità del partito e le necessità immediate degli elettori.

Ritrovare il legame con i bisogni materiali

Per riconquistare la propria rilevanza, la sinistra deve tornare a parlare al portafoglio e alla pancia delle persone, mettendo al centro dell'agenda politica i problemi materiali:

1. **Rilanciare politiche redistributive:** proporre un programma chiaro per ridurre le disuguaglianze

economiche, migliorare i salari e garantire la sicurezza sociale.

2. **Difendere i diritti dei lavoratori precari:** affrontare il problema della precarietà lavorativa con misure concrete, come il salario minimo garantito e la regolamentazione delle piattaforme digitali.

3. **Investire nei servizi pubblici:** rafforzare sanità, istruzione e trasporti, dimostrando che la sinistra è capace di migliorare la qualità della vita quotidiana.

4. **Riorganizzare le istituzioni intermedie:** sostenere la rinascita di sindacati, cooperative e altre forme di rappresentanza collettiva per ricostruire un legame diretto con la base elettorale.

2 Parte II: La sinistra oggi Battaglie giuste, ma per pochi?

2.1 La centralità di temi come i diritti LGBTQ+, l'ambiente e l'immigrazione

Negli ultimi decenni, la sinistra ha spostato il baricentro del proprio impegno verso battaglie legate ai diritti civili, alla sostenibilità ambientale e alla difesa dell'inclusione sociale. Si tratta di temi fondamentali, che meritano attenzione e impegno, ma che hanno finito per occupare una posizione quasi esclusiva nell'agenda politica, contribuendo a un distacco dalla base elettorale tradizionale.

Questa trasformazione non è avvenuta senza costi. L'enfasi sui diritti individuali e su questioni percepite come "globali" è stata spesso vista dalle classi popolari come un allontanamento dai loro bisogni più urgenti e materiali. In altre parole, la sinistra sembra oggi combattere battaglie giuste, ma per pochi.

Il valore delle battaglie civili - Diritti LGBTQ+

La lotta per i diritti delle persone LGBTQ+ rappresenta una delle conquiste più significative della sinistra contemporanea. Questa battaglia ha portato a progressi tangibili in molti Paesi, come il riconoscimento del matrimonio egualitario, la lotta contro le discriminazioni e la sensibilizzazione verso una società più inclusiva. Tuttavia:

- **Percezione elitaria:** per alcune fasce della popolazione, questi temi sembrano rivolgersi a una minoranza lontana dai problemi quotidiani di chi vive in condizioni economiche difficili.

- **Conflitto culturale:** in molti contesti sociali, soprattutto in aree rurali o periferiche, questa enfasi è percepita come distante dalle priorità delle persone.

La crisi climatica e l'ambiente

La lotta contro il cambiamento climatico è probabilmente una delle sfide più urgenti del nostro tempo. La sinistra ha giocato un ruolo cruciale nel promuovere politiche per la transizione ecologica, ma:

- **Impatto sui lavoratori:** le politiche ambientali, se non accompagnate da misure di protezione per i lavoratori, sono spesso percepite come punitive, ad esempio con la chiusura di fabbriche inquinanti o il rialzo dei costi energetici.

- **Disconnessione dal quotidiano:** il focus sull'emergenza climatica rischia di sembrare un lusso intellettuale per chi fatica a pagare le bollette o a trovare un lavoro stabile.

Immigrazione e inclusione

La difesa dei diritti dei migranti e la promozione di una società multiculturale sono pilastri della sinistra moderna. Tuttavia, questo impegno ha suscitato:

- **Paure economiche:** in un contesto di scarsità di risorse, molte persone vedono nei migranti una competizione per il lavoro, la casa e i servizi pubblici.
- **Polarizzazione politica:** l'enfasi sull'accoglienza è diventata un bersaglio facile per la destra populista, che ha saputo cavalcare il malcontento delle fasce popolari più colpite dalla crisi economica.

Il rischio di un'agenda per pochi

L'attenzione verso diritti e tematiche globali ha reso la sinistra vulnerabile all'accusa di essere "radical chic", ossia di occuparsi di questioni che interessano principalmente le élite urbane, giovani e istruite, piuttosto che i lavoratori delle periferie o delle aree industriali in declino. Questa percezione ha generato una frattura profonda tra il partito e i suoi elettori tradizionali.

L'impressione di un'ingiustizia distributiva

Per molti elettori, la sinistra sembra difendere categorie privilegiate o lontane dalla loro realtà:

- **Focus sbilanciato:** si dà voce ai diritti di minoranze e comunità specifiche, trascurando il disagio diffuso tra i lavoratori precari, i disoccupati e le famiglie monoreddito.
- **Retorica inclusiva ma selettiva:** la sinistra appare pronta a difendere chi è ai margini della società, ma non chi sta scivolando verso la marginalità economica.

La crisi della rappresentanza

Questa dinamica ha portato molti elettori delle classi lavoratrici a sentirsi abbandonati, spingendoli verso altre forze politiche. La destra populista ha saputo intercettare questo malcontento, utilizzando un linguaggio semplice e diretto che fa leva sulla paura e sul bisogno di sicurezza.

Un'agenda più equilibrata

Per recuperare credibilità e consenso, la sinistra non deve abbandonare queste battaglie, ma integrarle in una visione politica più ampia, che includa:

1. **Ritorno ai bisogni materiali:** affiancare ai diritti civili la lotta per salari dignitosi, case accessibili, sanità e istruzione gratuite e di qualità.
2. **Inclusione senza disuguaglianza:** promuovere politiche per l'immigrazione che garantiscano l'equilibrio tra accoglienza e protezione delle fasce più fragili della popolazione.
3. **Transizione ecologica equa:** progettare politiche ambientali che non penalizzino i lavoratori, investendo in formazione e nuove opportunità nei settori sostenibili.
4. **Nuove narrazioni:** adottare un linguaggio che unisca, parlando sia alle periferie che ai centri urbani, e ricostruendo il senso di comunità attorno a obiettivi condivisi.

Conclusione

I diritti civili, l'ambiente e l'immigrazione sono battaglie cruciali, ma la loro centralità non può escludere una risposta forte ai problemi economici e sociali delle fasce più deboli. La sinistra ha il compito di riunire queste sfide in un progetto politico che parli a tutti, riscoprendo la sua vocazione originaria di difensore degli ultimi e degli esclusi, senza lasciare indietro nessuno.

2.2 Perché queste battaglie, pur importanti, non riescono a mobilitare le masse?

La sinistra contemporanea ha spesso investito energie e risorse in battaglie legittime e necessarie, come la difesa dei diritti civili, la lotta contro il cambiamento climatico e l'accoglienza dei migranti. Tuttavia, nonostante il valore intrinseco di questi temi, essi faticano a generare un consenso ampio e trasversale, specialmente tra le classi popolari. Perché accade questo? Le ragioni sono profonde e affondano in fattori culturali, economici e comunicativi.

La distanza dai problemi quotidiani

Le battaglie per i diritti civili e l'ambiente sono spesso percepite come lontane dalle priorità immediate delle persone comuni, soprattutto di quelle che lottano per arrivare a fine mese.

Esempio concreto

Una famiglia che fatica a pagare le bollette può percepire come secondaria la transizione ecologica, soprattutto se si traduce in un aumento dei costi energetici. Allo stesso modo, una retorica inclusiva sull'immigrazione può risultare alienante per chi vive in periferie segnate da disoccupazione e servizi scadenti.

La difficoltà di creare un "nemico" condiviso

Il Partito Comunista Italiano (e altre forze storiche della sinistra) sapeva mobilitare le masse costruendo una narrativa chiara e incisiva: il nemico era il "Padrone", simbolo delle disuguaglianze economiche e sociali. Questa figura serviva a unire i lavoratori in un fronte comune contro l'oppressione.Oggi, la sinistra non è più capace di identificare un "nemico" altrettanto universale e immediato:

- **Nemici astratti:** il cambiamento climatico, l'omofobia o le politiche anti-immigrazione sono percepiti come problemi diffusi e complessi, ma non immediatamente tangibili per molte persone.

- **Il nemico sbagliato:** in alcuni casi, la sinistra finisce per sembrare ostile verso categorie che molti vedono come "prossime", come piccoli imprenditori o lavoratori autonomi, piuttosto che verso il grande capitale o le disuguaglianze strutturali.

Conseguenze

Questa mancanza di un nemico concreto porta a una frammentazione del consenso. Le battaglie della sinistra finiscono per essere viste come cause specifiche, sostenute da gruppi altrettanto specifici, piuttosto che come un progetto universale di giustizia sociale.

La narrazione che divide anziché unire

La comunicazione della sinistra contemporanea soffre spesso di un linguaggio percepito come moralista o paternalista, che rischia di alienare invece di coinvolgere.

- **Moralismo e colpevolizzazione:** chi non aderisce immediatamente a certi valori progressisti viene spesso etichettato come "retrogrado" o "ignorante". Questo atteggiamento genera resistenze, specialmente tra coloro che si sentono già esclusi dai benefici della modernità.

- **La trappola dell'identitarismo:** l'enfasi su diritti specifici e minoranze, se non accompagnata da una narrazione inclusiva, rischia di frammentare ulteriormente il corpo elettorale. I lavoratori delle classi popolari possono sentirsi dimenticati o poco rappresentati.

Il mancato radicamento nei territori

Un altro fattore critico è la perdita del radicamento territoriale. La sinistra storica, in particolare il PCI, era profondamente inserita nella vita delle comunità locali attraverso le sezioni di partito, i sindacati e le associazioni. Oggi, questo tessuto è stato in gran parte smantellato:

- **Assenza di rappresentanza:** i problemi locali non trovano una risposta concreta, e le persone si rivolgono ad altre forze politiche che promettono soluzioni immediate, anche se spesso illusorie.

- **Perdita di fiducia:** senza una presenza costante sul territorio, la sinistra appare lontana e disinteressata ai problemi reali delle persone.

La destra populista: un'alternativa percepita come più vicina

Mentre la sinistra si concentra su battaglie che non sempre sembrano urgenti per le masse, la destra populista ha saputo costruire una narrativa efficace, basata su:

- **Messaggi semplici e diretti:** slogan come "Prima gli italiani" o "Difendiamo il lavoro" fanno leva su paure e speranze immediate.

- **Falsi nemici:** la destra individua nemici tangibili e concreti, come i migranti o le "élite globaliste", offrendo capri espiatori facilmente identificabili.

- **Un linguaggio emotivo:** la destra parla alla "pancia" delle persone, utilizzando emozioni come rabbia e paura per mobilitare il consenso.

Il fallimento nel proporre soluzioni concrete

Un ultimo fattore è l'incapacità della sinistra di proporre soluzioni concrete e realizzabili. Mentre le battaglie civili e ambientali richiedono un cambiamento culturale di lungo termine, le persone cercano risposte immediate ai loro problemi quotidiani.

- **Promesse astratte:** la transizione ecologica o la lotta per i diritti civili, se non accompagnate da politiche economiche solide, sembrano lontane dalla realtà.

- **Mancanza di pragmatismo:** la sinistra appare spesso più concentrata su principi ideali che su azioni pratiche, lasciando spazio ad altre forze politiche che promettono soluzioni (anche se populiste).

Conclusione: Un progetto politico per tutti

La sinistra non deve abbandonare queste battaglie, ma deve integrarle in una visione politica più ampia e radicata. Per mobilitare le masse, deve:

1. **Tornare ai bisogni materiali:** affiancare ai temi civili una lotta incisiva per salari dignitosi, lavoro stabile e giustizia economica.
2. **Costruire un nemico condiviso:** puntare il dito contro le disuguaglianze economiche, il potere delle multinazionali e la concentrazione della ricchezza.
3. **Radicarsi nei territori:** ascoltare le comunità locali e offrire risposte concrete ai problemi quotidiani.
4. **Cambiare narrazione:** utilizzare un linguaggio che non divida, ma unisca, costruendo ponti tra le diverse istanze della società.

Solo così la sinistra potrà riconquistare la fiducia di chi oggi si sente escluso, costruendo un progetto politico capace di mobilitare davvero le masse.

2.2.1 L'accusa di essere "radical chic" e distante dai problemi quotidiani

Negli ultimi anni, l'accusa di essere "radical chic" si è trasformata in un marchio ingombrante per la sinistra. Questo termine, inizialmente nato per descrivere un'élite intellettuale e benestante che sostiene cause progressiste senza comprenderne appieno le implicazioni pratiche, è oggi diventato sinonimo di una sinistra percepita come distante dai bisogni reali della maggioranza della popolazione. Ma da dove nasce questa etichetta? E perché ha trovato così tanto spazio nella narrazione pubblica?

Il paradosso della sinistra: il progressismo percepito come privilegio

Un altro fattore che alimenta l'accusa di essere "radical chic" è la crescente associazione della sinistra con un'élite urbana e colta, lontana dalle periferie e dalle aree rurali.

- **Istruzione e status sociale:** le persone che sostengono maggiormente i temi progressisti tendono a essere più istruite e ad avere redditi medi o alti. Questa dinamica rafforza l'idea che la sinistra si rivolga a chi ha già raggiunto una certa stabilità economica, ignorando chi vive in condizioni di precarietà.

- **Spazi di discussione elitari:** i luoghi dove si dibattono le grandi battaglie progressiste — università, festival culturali, conferenze internazionale — sono spesso distanti dalla vita quotidiana delle persone comuni.

Una narrazione polarizzante

La destra populista ha sfruttato questa dinamica, dipingendo la sinistra come un'élite "delle ZTL" contrapposta a una "maggioranza silenziosa" esclusa dal dibattito pubblico.

La "radicalità" come limite

L'etichetta di "radical chic" non è solo una questione di stile o di comunicazione, ma anche di priorità percepite come troppo estreme o ideologiche:

- **Posizioni estreme:** in alcuni casi, la sinistra sembra rifiutare il compromesso, rendendo difficile costruire un consenso ampio su temi controversi come l'immigrazione o le politiche ambientali.
- **Perdita del pragmatismo:** il rifiuto di affrontare temi economici più immediati o di proporre soluzioni concrete fa sembrare la sinistra più interessata a battaglie simboliche che a risultati tangibili.

Una narrazione inclusiva ma incompleta

Paradossalmente, l'enfasi sull'inclusività ha generato esclusione. La sinistra contemporanea si concentra su minoranze e diritti individuali, ma fatica a costruire un progetto politico universale che parli a tutti.

- **Disuguaglianza nell'inclusione:** chi non si sente parte di una minoranza o di una causa specifica può percepire di non avere spazio nella visione della sinistra.
- **Divisione sociale:** questa dinamica ha rafforzato l'impressione che la sinistra si rivolga a gruppi ristretti, piuttosto che all'intera collettività.

Conclusione: Riconnettersi alle masse

L'etichetta di "radical chic" è il sintomo di un problema più profondo: la disconnessione tra la sinistra e le persone comuni. Per superarla, è necessario:

1. **Tornare ai territori:** la sinistra deve riavvicinarsi alle periferie e alle aree rurali, ascoltando i problemi concreti delle persone.
2. **Parlare di bisogni reali:** salario, lavoro, casa e servizi pubblici devono tornare al centro dell'agenda politica.
3. **Costruire un linguaggio semplice e diretto:** abbandonare il moralismo e adottare una narrazione che unisca invece di dividere.
4. **Integrare diritti civili e giustizia economica:** le battaglie progressiste devono essere accompagnate da politiche che rispondano alle necessità materiali della maggioranza.

Solo riconnettendosi ai bisogni quotidiani delle persone, la sinistra potrà superare l'accusa di essere distante e tornare a mobilitare ampie masse di elettori.

64

2.3   La perdita del linguaggio della "pancia"
2.3.1   Il potere degli slogan del passato

La sinistra storica sapeva sintetizzare idee complesse in slogan incisivi che evocavano solidarietà e azione collettiva.

- **Esempi storici:** Frasi come *"Tutta la vita agli operai!"*, *"I padroni mangiano, noi paghiamo"* o *"Uniti si vince!"* erano semplici, ma potenti. Parlavano direttamente ai lavoratori, identificando chiaramente una causa comune e un nemico da combattere.

- **Emozioni condivise:** Questi slogan riuscivano a canalizzare sentimenti di ingiustizia, riscatto e speranza in una narrazione collettiva che univa diverse categorie sociali.

La forza di questi messaggi non era solo nella loro immediatezza, ma anche nella capacità di creare comunità e identità attorno a essi. Erano strumenti di lotta, ma anche di riconoscimento: gridare uno slogan in piazza significava far parte di un progetto più grande.

L'abbandono della semplicità
Oggi, la sinistra sembra incapace di replicare questa immediatezza.

- **Linguaggio complesso e tecnocratico:** Le comunicazioni della sinistra sono spesso dominate da termini come *"transizione ecologica"*, *"equità intergenerazionale"* o *"integrazione inclusiva"*.

Sebbene accurati, questi concetti risultano astratti e distanti dalla quotidianità di molte persone.

- **Mancanza di emozione:** Il linguaggio contemporaneo della sinistra tende a essere analitico, più orientato a spiegare che a ispirare. Questo approccio razionale, pur necessario, non riesce a mobilitare le masse come faceva un tempo.

Il divario percettivo

Chi si sente escluso o in difficoltà non cerca un'analisi dettagliata dei problemi, ma una voce che dia nome e significato alle proprie frustrazioni. Se la sinistra non offre questa voce, altre forze politiche – spesso populiste – occupano rapidamente quello spazio.

La narrazione populista come modello alternativo

Mentre la sinistra ha abbandonato il linguaggio della pancia, la destra populista ne ha fatto il proprio cavallo di battaglia, spesso con risultati devastanti per il consenso progressista.

- **Slogan semplici e polarizzanti:** Frasi come *"Prima gli italiani"*, *"No al grande reset"* o *"Basta tasse"* funzionano perché non richiedono elaborazione: parlano direttamente alle paure e alle speranze delle persone.

- **Nemico immediato:** La destra costruisce narrazioni che identificano un nemico chiaro, come i migranti, le élite globaliste o l'Unione

Europea, facendo leva su emozioni forti come rabbia e paura.

- **Un linguaggio familiare:** A differenza della sinistra, la destra utilizza parole e toni che sembrano più vicini alla quotidianità delle persone comuni, rafforzando l'identificazione emotiva.

Il rischio di alienare le masse

Il linguaggio astratto e moralista della sinistra non solo non emoziona, ma rischia di alienare una parte significativa dell'elettorato.

- **L'impressione di superiorità:** La complessità del linguaggio può dare l'impressione che la sinistra guardi dall'alto in basso chi non riesce a comprendere o condividere certi temi.
- **Esclusione dei meno istruiti:** Le persone con livelli di istruzione più bassi, che spesso costituiscono il nucleo delle classi popolari, possono sentirsi ignorate o non rappresentate.

Conseguenze politiche

Questo distacco si traduce in una perdita di consenso tra le fasce popolari, che una volta erano il cuore dell'elettorato di sinistra. Queste persone, non trovando risposte emotive e concrete, si spostano verso forze politiche che parlano il loro linguaggio, anche se in modi semplificatori o demagogici.

Come tornare a parlare alla pancia delle persone?

Per riconquistare il linguaggio della pancia, la sinistra deve adottare alcune strategie:

1. **Semplificare senza banalizzare:** Riprendere la capacità di sintetizzare temi complessi in messaggi chiari e comprensibili, mantenendo la profondità dei contenuti.
2. **Evitare il moralismo:** Smettere di colpevolizzare chi non aderisce immediatamente a certi valori, adottando un linguaggio inclusivo e comprensivo.
3. **Usare le emozioni:** Integrare la razionalità con una narrazione emotiva che ispiri speranza e senso di appartenenza.
4. **Tornare alla concretezza:** Parlare di problemi materiali, come il lavoro e il costo della vita, utilizzando parole che evocano esperienza e vicinanza.

Esempio di possibile slogan contemporaneo

- Invece di "transizione ecologica", dire: *"Energia pulita, bollette leggere."*
- Invece di "equità sociale", dire: *"Più diritti, meno disuguaglianze."*

Conclusione: La forza delle parole

Il linguaggio è uno strumento di lotta politica. La sinistra, per tornare a mobilitare le masse, deve riscoprire il potere delle parole semplici, dirette ed emotive. Deve parlare non solo alle teste, ma anche ai cuori delle persone, riconnettendosi ai loro bisogni, sogni e paure. Solo così potrà recuperare quel ruolo storico di guida e ispirazione per chi lotta per un futuro migliore.

2.3.2 La complessità delle proposte: troppo lontane dalla quotidianità delle persone?

Un altro aspetto che contribuisce alla percezione di distanza della sinistra contemporanea è la complessità delle sue proposte. Mentre i problemi delle persone comuni rimangono immediati e tangibili – il costo della vita, l'affitto, le bollette – le soluzioni proposte dalla sinistra spesso appaiono astratte, tecnocratiche e difficili da comprendere. Questo divario tra l'urgenza dei problemi quotidiani e la complessità delle risposte offerte allontana una parte significativa dell'elettorato, che fatica a sentirsi rappresentata.

Dalla fabbrica al cambiamento climatico: l'evoluzione dei temi della sinistra

In passato, la sinistra affrontava questioni legate a problemi concreti e immediati, come il salario, le ore di lavoro, la sicurezza sul lavoro e la sanità pubblica. Questi temi, per quanto complessi, erano legati alla quotidianità delle persone e tradotti in proposte pratiche e comprensibili.

Oggi, molti dei temi che dominano il dibattito progressista sono di vitale importanza – la transizione ecologica, la lotta alla discriminazione, le politiche migratorie – ma spesso vengono comunicati in modo che li rende distanti e difficili da tradurre nella vita di tutti i giorni.

Il caso della transizione ecologica

- Termini come *"decarbonizzazione"*, *"neutralità climatica"* o *"economia circolare"* sono fondamentali, ma rischiano di sembrare un esercizio teorico per chi è preoccupato di arrivare a fine mese o teme che la chiusura delle industrie inquinanti possa causare la perdita del proprio lavoro.

- Le persone vogliono risposte pratiche: *"Come cambia la mia vita? Come pago le bollette? Chi garantisce il mio futuro lavorativo?"*.

Il linguaggio della complessità

La sinistra contemporanea sembra soffrire di un'eccessiva tecnicizzazione del linguaggio, che si traduce in proposte politiche percepite come difficili da comprendere o da attuare.

- **Eccesso di tecnicismi:** Un linguaggio fatto di sigle, dati e termini accademici crea una barriera tra la politica e le persone comuni.
- **Scarsa capacità di traduzione:** La sinistra tende a presentare piani ambiziosi e a lungo termine, senza calarli in una realtà comprensibile e immediata.

Esempio concreto

Proporre una riforma fiscale basata su criteri di *progressività tributaria per ridurre le disparità redistributive* è un'idea giusta, ma il messaggio non emoziona né chiarisce. Dire *"chi guadagna meno paga meno tasse, chi guadagna di più contribuisce di più"* è altrettanto giusto, ma arriva dritto al punto.

La distanza tra élite e quotidianità

Dietro la complessità delle proposte si nasconde un problema più profondo: la crescente distanza tra la classe politica progressista e la vita quotidiana delle persone comuni.

- **Un'élite urbanizzata:** Molti leader della sinistra provengono da contesti urbani e accademici, lontani dalle periferie o dai territori rurali, dove le esigenze e le priorità sono diverse.
- **Mancanza di ascolto:** Invece di partire dai bisogni concreti delle persone, la sinistra tende a proporre soluzioni dall'alto, che non sempre si adattano alle realtà locali.

Il caso delle periferie

In molte periferie urbane, le priorità non sono i temi globali ma i problemi locali: la sicurezza, i trasporti pubblici, i servizi essenziali. Quando la sinistra propone progetti complessi di inclusione sociale o sostenibilità, senza affrontare questi temi prioritari, perde credibilità.

La destra come interprete della quotidianità

La destra populista ha saputo approfittare di questa lacuna, proponendo soluzioni semplici – anche se spesso inefficaci o demagogiche – che parlano direttamente alle preoccupazioni immediate delle persone.

- **Slogan diretti e rassicuranti:** Frasi come *"Blocchiamo i migranti"*, *"Tasse più basse per tutti"* o *"Più sicurezza per le nostre strade"* affrontano problemi percepiti come prioritari in modo immediato.
- **La semplicità contro la complessità:** Anche quando le proposte sono irrealistiche, il loro linguaggio è accessibile e capace di rassicurare l'elettorato.

Confronto con la sinistra

Quando la sinistra parla di *"riforma sistemica dell'integrazione migratoria"* o di *"piani di resilienza territoriale"*, rischia di perdere il contatto con chi cerca risposte semplici e concrete a problemi quotidiani.

Come riconnettersi alla quotidianità?

Per superare questa distanza, la sinistra deve imparare a tradurre le sue proposte complesse in messaggi che parlino alla vita delle persone:

1. **Partire dai bisogni concreti:** Ogni proposta deve rispondere a domande pratiche: *"Cosa cambia per me?"* e *"Quali benefici immediati avrò?"*.
2. **Rendere comprensibili le politiche:** Semplificare il linguaggio senza perdere la profondità delle idee.
   - Es. Invece di *"transizione energetica inclusiva"*, dire: *"Bollette più basse grazie all'energia pulita"*.
3. **Calare le proposte nei territori:** Ascoltare le esigenze specifiche di comunità locali e adattare le politiche ai diversi contesti.
4. **Integrare le soluzioni immediate con una visione di lungo termine:** Proporre misure che abbiano impatti tangibili nel presente, senza perdere di vista obiettivi più ambiziosi.

Conclusione: Complessità sì, ma accessibile

La sinistra non deve rinunciare alla complessità, che è necessaria per affrontare i problemi globali e strutturali della nostra epoca. Tuttavia, deve imparare a tradurla in proposte e messaggi capaci di entrare nella vita quotidiana delle persone, rispondendo ai loro bisogni e alle loro preoccupazioni immediate. Solo così potrà ricostruire il legame con le masse e tornare a essere un punto di riferimento per chi cerca giustizia sociale ed economica.

2.3.3 L'incapacità di comunicare soluzioni pratiche per problemi come inflazione, lavoro precario e caro vita

Tra le principali debolezze della sinistra contemporanea vi è la difficoltà nel comunicare soluzioni pratiche e immediate per affrontare le questioni che più incidono sulla vita delle persone, come l'inflazione, la precarietà lavorativa e il costo della vita. Temi che un tempo erano il cuore della sua agenda politica, oggi sembrano essere trattati in modo marginale o con un linguaggio che non riesce a raggiungere l'elettorato più colpito da queste problematiche.

Inflazione: il problema che brucia i risparmi

L'aumento dei prezzi, specialmente per beni di prima necessità, è uno dei problemi più sentiti dalle famiglie. Tuttavia, la sinistra fatica a fornire risposte concrete su come affrontare questo fenomeno.

- **Proposte generiche e poco incisive:** Termini come *"politiche redistributive"* o *"monitoraggio dei prezzi"* non riescono a trasmettere un senso di urgenza o di impatto immediato.

- **Il confronto con la destra:** Mentre i populisti spesso avanzano proposte semplicistiche – come il taglio generalizzato delle tasse – che, seppur discutibili, suonano comprensibili, la sinistra appare esitante e vaga, perdendo la possibilità di essere percepita come forza protettiva.

Che cosa manca?

Le persone vogliono soluzioni concrete, come:

- Misure per controllare i prezzi di beni essenziali.
- Piani per sostenere i salari contro l'erosione del potere d'acquisto.
- Politiche fiscali che riducano il peso delle tasse sui redditi più bassi.

Lavoro precario: un dramma sottovalutato

Il tema del lavoro è un altro fronte dove la sinistra sembra aver perso la sua storica capacità di rappresentare i bisogni dei più deboli.

- **Il passato:** Durante gli anni d'oro del PCI, il lavoro era il pilastro dell'identità della sinistra: garantire contratti dignitosi, salari equi e diritti era il nucleo della sua azione politica.
- **La realtà di oggi:** Con l'avvento della globalizzazione e delle riforme del mercato del lavoro, il fenomeno della precarietà si è aggravato. Contratti a tempo determinato, partite IVA forzate e assenza di tutele sociali sono la normalità per milioni di lavoratori.

Le risposte della sinistra

Invece di offrire soluzioni chiare – come abolire i contratti precari o favorire la stabilità occupazionale – la sinistra tende a presentare proposte frammentarie o troppo ambiziose, che sembrano poco realizzabili nel breve termine. Questo la allontana da chi cerca risposte immediate.

Come agire?

- Proposte semplici e mirate: *"Contratti a termine limitati a un massimo di due anni."*
- Politiche fiscali che incentivino le assunzioni stabili: *"Meno tasse per le aziende che assumono a tempo indeterminato."*
- Una campagna per il salario minimo, con slogan diretti come: *"Nessuno deve guadagnare meno di 10 euro l'ora."*

Caro vita: la pressione su famiglie e giovani

L'aumento dei costi di beni e servizi, dalla casa all'energia, sta strangolando il bilancio delle famiglie. Tuttavia, la sinistra spesso si concentra su soluzioni a lungo termine, come il *green deal* o la riforma degli incentivi energetici, che non rispondono alle difficoltà quotidiane.

- **Il caso degli affitti:** Le città italiane, come molte altre in Europa, stanno vivendo una crisi abitativa, ma le risposte della sinistra appaiono poco incisive, limitandosi a promesse di edilizia pubblica o regolamentazione che richiedono anni per essere attuate.
- **Il confronto con i giovani:** Molti giovani si sentono abbandonati, senza possibilità di costruire

un futuro. Il costo della vita elevato e i bassi salari alimentano il senso di sfiducia verso una sinistra che non sembra preoccuparsi delle loro esigenze immediate.

Esempi di politiche pratiche mancanti:

- Sgravi fiscali sugli affitti per i giovani sotto i 35 anni.

- Riduzione delle bollette energetiche con incentivi mirati alle famiglie a basso reddito.

- Un controllo diretto sugli aumenti dei beni di prima necessità, magari con accordi tra Stato e imprese.

Il rischio del "dopo di noi"

La sinistra, concentrandosi su grandi temi globali come il cambiamento climatico o l'inclusione sociale, sembra ignorare la domanda più urgente di molti elettori: *"Cosa cambia oggi nella mia vita?"*. Questo approccio finisce per rafforzare la percezione che la sinistra parli solo alle élite o ai giovani attivisti, lasciando indietro pensionati, lavoratori a basso reddito e famiglie con difficoltà economiche.

La disconnessione dai bisogni immediati

Le persone non cercano solo visioni per il futuro, ma risposte per sopravvivere al presente. Se la sinistra non riesce a colmare questa lacuna, rischia di lasciare campo libero a forze populiste che, pur con risposte inadeguate, sanno toccare le corde giuste.

Tornare alla concretezza: una strategia per il presente

Per riconquistare il linguaggio della pancia e rispondere ai bisogni materiali, la sinistra deve:

1. **Ripartire dai bisogni primari:** Parlare di lavoro, affitti, spese quotidiane come priorità assolute.
2. **Offrire soluzioni chiare e immediate:**
   - Un *"bonus di emergenza"* per contrastare l'inflazione.
   - *"Energia gratuita per i primi 200 kWh per ogni famiglia."*
3. **Comunicare in modo diretto e accessibile:** Usare slogan comprensibili e legati alla realtà, senza eccessi di tecnicismi.
4. **Mostrare empatia:** Dare voce ai problemi reali delle persone, mettendosi nei loro panni e parlando con un tono inclusivo.

Conclusione: Una sinistra che risponde al presente

La sinistra, per riconquistare il proprio ruolo storico, deve riscoprire la capacità di parlare ai bisogni immediati delle persone. Non basta essere nel giusto con proposte ambiziose e globali: è fondamentale tradurle in soluzioni che abbiano un impatto tangibile sulla vita quotidiana, dal carrello della spesa al contratto di lavoro. Solo così potrà ritrovare la fiducia di chi oggi si sente abbandonato e lontano dalla politica.

2.4 Chi sono i nuovi "padroni"?

2.4.1 Le grandi multinazionali e la finanziarizzazione dell'economia

Nell'immaginario collettivo del passato, il "padrone" era il proprietario della fabbrica, il datore di lavoro che incarnava l'oppressore diretto dei lavoratori. La lotta di classe si sviluppava in uno scenario ben definito: operai contro capitalisti, in un conflitto chiaro e tangibile. Oggi, però, il volto del "nemico" è meno riconoscibile, ma non meno presente. I nuovi "padroni" non sono individui, ma sistemi: le grandi multinazionali e il dominio della finanza globale.

La concentrazione del potere economico nelle mani delle multinazionali

Le multinazionali sono diventate attori economici più potenti di interi stati. Alcuni esempi:

- **Il controllo del mercato:** Aziende come Amazon, Google, Apple o Facebook (ora Meta) non solo dominano i loro settori, ma ne determinano le regole. Questo potere di mercato crea monopoli o oligopoli, soffocando la concorrenza e rendendo i consumatori e i lavoratori sempre più dipendenti da loro.

- **Influenza politica:** Molte di queste aziende esercitano un'influenza diretta sulle politiche dei governi, attraverso lobby, finanziamenti a campagne elettorali e pressioni economiche.

- **Deregolamentazione del lavoro:** La gig economy, promossa da multinazionali come Uber o Deliveroo, ha introdotto nuovi modelli di lavoro precario, privando i lavoratori di diritti basilari come ferie pagate, malattie o contratti stabili.

La percezione del lavoratore

Mentre il padrone del passato era un volto conosciuto, con cui era possibile entrare in conflitto diretto, le multinazionali sono entità lontane e impersonali, difficili da identificare e combattere.

La finanziarizzazione dell'economia: un'economia dominata dalla speculazione

Un'altra trasformazione cruciale è l'ascesa della finanza come forza dominante nell'economia globale. Invece di creare valore attraverso la produzione di beni e servizi, la finanza moderna si basa sempre più sulla speculazione e sull'accumulazione di ricchezza senza un impatto diretto sull'economia reale.

Come agisce la finanza globale?

- **Speculazione sui beni essenziali:** Mercati finanziari che speculano su beni primari come il grano, il petrolio o l'acqua, facendo aumentare i prezzi e colpendo le persone più vulnerabili.

- **Il potere delle grandi banche e fondi di investimento:** Giganti come BlackRock o Vanguard gestiscono capitali che superano il PIL di molti paesi, investendo in settori strategici e accumulando potere decisionale sulle politiche aziendali e, indirettamente, sui governi.

- **Le crisi cicliche:** Dal 2008, con la crisi dei mutui subprime, è evidente come i rischi assunti dalla finanza globale possano avere conseguenze devastanti sull'economia reale, colpendo soprattutto i lavoratori e le classi meno abbienti.

L'evasione fiscale e la fuga dei capitali

Un tratto distintivo dei nuovi "*padroni*" è la capacità di eludere il controllo degli stati attraverso paradisi fiscali e strategie di ottimizzazione fiscale.

- **L'esempio delle big tech:** Colossi come Apple e Google riescono a pagare tasse irrisorie spostando i loro profitti in paesi con fiscalità agevolata, privando le nazioni di risorse fondamentali per il welfare.

- **La disuguaglianza fiscale:** I lavoratori e le piccole imprese finiscono per sopportare il peso della tassazione, mentre le grandi aziende sfuggono al loro dovere contributivo.

Conseguenze sociali

L'evasione fiscale da parte delle multinazionali non solo aggrava la disuguaglianza economica, ma mina la fiducia delle persone nei confronti delle istituzioni democratiche, che appaiono impotenti di fronte al potere delle élite economiche.

Come si collegano i nuovi "padroni" alla vita quotidiana?

La distanza tra i nuovi "padroni" e i problemi delle persone comuni non significa che queste figure non abbiano un impatto diretto sulla vita di tutti i giorni:

- **Il lavoro precario:** La gig economy è simbolo di un sistema economico che favorisce la flessibilità a scapito della stabilità.

- **L'aumento dei costi:** Speculazione sui beni di consumo e aumento delle disuguaglianze fanno crescere il costo della vita, impoverendo sempre di più i ceti medi e bassi.

- **La riduzione dei servizi pubblici:** L'evasione fiscale delle multinazionali riduce le risorse per sanità, scuola e infrastrutture.

Come può la sinistra rispondere ai nuovi "padroni"?

La sinistra, per tornare a essere una forza rappresentativa, deve identificare e combattere questi nuovi centri di potere con azioni concrete:

1. **Regolamentazione delle multinazionali:** Imporre limiti al loro potere di mercato, tassarle adeguatamente e promuovere la concorrenza.

2. **Controllo sulla finanza:** Introdurre tasse sulle transazioni finanziarie (*Tobin Tax*), limitare la speculazione e promuovere investimenti nell'economia reale.

3. **Lotta all'evasione fiscale:** Rafforzare gli strumenti internazionali per combattere la fuga di capitali e i paradisi fiscali.

4. **Nuove tutele per i lavoratori:** Riconoscere i diritti dei lavoratori della gig economy, garantendo salari minimi, previdenza sociale e contratti equi.

5. **Comunicazione efficace:** Svelare come le politiche delle multinazionali e della finanza influiscano direttamente sulla vita delle persone, trasformando questi nemici invisibili in bersagli concreti per una lotta politica condivisa.

2.4.2 La tecnologia e i giganti digitali: un potere senza volto

Nell'era digitale, il potere economico e sociale ha assunto forme nuove, astratte, ma incredibilmente pervasive. I giganti della tecnologia – aziende come Google, Amazon, Meta (Facebook), Apple e Microsoft – non sono semplicemente attori economici: sono infrastrutture globali, onnipresenti nella vita quotidiana delle persone. Essi rappresentano i nuovi "padroni", un potere senza volto che plasma il lavoro, il consumo e persino il pensiero.

Il controllo dell'informazione e della comunicazione

I giganti digitali detengono il monopolio delle informazioni e delle piattaforme che ne regolano il flusso.

- **Social media come infrastruttura sociale:** Piattaforme come Facebook, Instagram, Twitter (ora X) e TikTok decidono quali contenuti le persone vedono, quali opinioni si amplificano e quali vengono marginalizzate. Questo controllo trasforma la comunicazione in uno strumento di potere economico e politico.
- **La "sorveglianza commerciale":** Attraverso algoritmi e raccolta dati, le aziende tecnologiche conoscono i comportamenti, i gusti e le fragilità degli utenti, vendendo queste informazioni per fini pubblicitari o sfruttandole per manipolare le scelte di consumo.

Il paradosso del libero accesso

Sebbene l'accesso a molte di queste piattaforme sia gratuito, il vero costo è la cessione della privacy e del controllo sulla propria identità digitale. Gli utenti non sono clienti, ma il prodotto.

La gig economy e la precarietà del lavoro

Le piattaforme digitali, come Uber, Deliveroo o Amazon, hanno creato nuove forme di lavoro che, sotto la maschera dell'innovazione, nascondono sfruttamento e assenza di diritti.

- **Il mito della flessibilità:** Viene venduta come un'opportunità per lavorare quando e come si desidera, ma spesso i lavoratori sono costretti ad accettare condizioni di lavoro imprevedibili, senza stabilità né sicurezza.
- **La de-umanizzazione del rapporto di lavoro:** In queste piattaforme, il datore di lavoro non è un individuo o un'azienda con cui relazionarsi, ma un algoritmo. Gli obiettivi e i ritmi sono stabiliti da un codice che valuta le performance senza considerare i bisogni umani.

Le conseguenze per i lavoratori:

- Assenza di contratti stabili e protezioni sociali.
- Salari al ribasso, determinati da una competizione esasperata tra lavoratori.

* Un senso di isolamento e impotenza, dato che il *"padrone"* è una piattaforma invisibile.

La concentrazione del potere economico

Le aziende tecnologiche non solo dominano i loro settori, ma inglobano interi mercati.

* **Monopolio digitale:** Amazon controlla gran parte dell'e-commerce globale; Google domina la ricerca su internet; Facebook e Instagram monopolizzano i social network. Questa concentrazione rende impossibile per concorrenti più piccoli emergere, soffocando l'innovazione.
* **Influenza politica:** Grazie alla loro forza economica, i giganti digitali possono influenzare le politiche pubbliche, finanziare lobby e aggirare regolamentazioni che ne limiterebbero il potere.

Un potere senza limiti:

I giganti tecnologici sono spesso più ricchi degli stati in cui operano, ma evitano di assumersi responsabilità sociali proporzionate alla loro ricchezza.

La manipolazione culturale: plasmare valori e consumi

La tecnologia non si limita a fornire strumenti, ma modella le percezioni e i comportamenti collettivi.

- **L'influenza sul pensiero:** Gli algoritmi decidono quali contenuti promuovere, influenzando ciò che le persone leggono, guardano e discutono. Questo crea bolle informative che frammentano la società e polarizzano i dibattiti.
- **La cultura del consumo immediato:** Attraverso le piattaforme digitali, la tecnologia incoraggia il consumismo compulsivo, favorendo la dipendenza dagli acquisti online e l'abitudine a soluzioni rapide e superficiali.

Perché i giganti digitali sono i nuovi "padroni"?

La tecnologia è diventata il mezzo attraverso cui il potere economico si esercita in modo invisibile ma capillare.

- **Un potere globalizzato:** Le multinazionali tecnologiche non rispondono a una singola giurisdizione nazionale, ma operano su scala globale, spesso eludendo regolamenti locali.
- **Un dominio inarrestabile:** Gli utenti, dipendenti dai loro servizi, difficilmente possono rinunciare a usarli, creando un rapporto di subordinazione in cui la libertà di scelta è illusoria.

L'impatto sulla vita quotidiana

Dai social media al lavoro precario, dalla dipendenza dagli smartphone al monopolio dell'e-commerce, i giganti digitali governano aspetti cruciali della vita moderna. Come i "padroni" del passato, impongono regole senza che ci sia un vero contraddittorio.

Come può rispondere la sinistra ai "padroni" digitali?

Per contrastare il potere dei giganti tecnologici, la sinistra deve sviluppare strategie efficaci e comprensibili, che mettano al centro i diritti dei lavoratori e la protezione dei cittadini.

1. **Regolamentazione più rigida:**
   - Imporre limiti ai monopoli digitali, favorendo la concorrenza e tutelando le piccole imprese.
   - Proteggere i dati personali con normative stringenti, come il GDPR europeo, e punire chi li utilizza in modo improprio.
2. **Tutela dei lavoratori della gig economy:**
   - Riconoscere i rider, gli autisti e altri lavoratori delle piattaforme come dipendenti, garantendo contratti stabili e protezioni sociali.
   - Introduzione di un salario minimo garantito per chi lavora nelle piattaforme.
3. **Ridistribuzione del potere economico:**
   - Tassare i profitti delle grandi aziende tecnologiche in modo equo, riducendo la loro capacità di eludere il fisco attraverso paradisi fiscali.
   - Creare alternative pubbliche o cooperative ai servizi dominati dai giganti privati.

Conclusione: I padroni senza volto

I giganti digitali rappresentano una nuova forma di potere, invisibile ma pervasiva, che controlla non solo l'economia, ma anche le scelte e i comportamenti delle persone. La sinistra, per tornare a essere rilevante, deve identificare questi nuovi "padroni", smascherare le loro pratiche e proporre una visione alternativa che restituisca ai cittadini il controllo sulla tecnologia e sulla propria vita.

2.4.3   Il ruolo dello Stato e l'incapacità di imporre regole

Tradizionalmente, lo Stato era visto come il garante dell'equilibrio sociale e del rispetto delle regole economiche. Era il mediatore tra capitale e lavoro, un'istituzione capace di imporre norme che limitassero gli eccessi del mercato. Tuttavia, negli ultimi decenni, questo ruolo si è progressivamente indebolito. Lo Stato, da arbitro e protettore, è diventato spesso spettatore o complice del crescente potere delle élite economiche e delle multinazionali.

In questo contesto, il "nuovo padrone" non è più soltanto un'entità privata come la multinazionale o il fondo di investimento, ma anche lo Stato stesso, che in molte occasioni ha abdicato al proprio ruolo di controllo, lasciando spazio a una deregulation dannosa per i cittadini.

Lo Stato come strumento del potere economico

Invece di arginare gli eccessi del mercato, molti Stati si sono piegati agli interessi delle grandi corporazioni e delle élite finanziarie.

- **Lotta di classe al contrario:** Se il PCI combatteva per difendere i lavoratori dai padroni, oggi lo Stato sembra spesso schierato con i "padroni moderni", adottando politiche che favoriscono la ricchezza concentrata e penalizzano le classi medie e basse.

- **Il peso delle lobby:** Grandi gruppi industriali e tecnologici influenzano le decisioni politiche attraverso finanziamenti, pressioni e campagne mediatiche, rendendo i governi vulnerabili ai loro interessi.

Esempi concreti:

- **Evasione fiscale:** Molti Stati permettono alle multinazionali di eludere il fisco grazie a normative compiacenti o lacune legislative, privando le casse pubbliche di risorse essenziali.
- **Regolamentazioni mancanti:** Nei settori come la tecnologia o l'ambiente, i governi spesso si mostrano incapaci o riluttanti a imporre regole che limitino l'impatto sociale e ambientale delle grandi aziende.

Lo smantellamento dello Stato sociale

La crisi del welfare è uno degli effetti più visibili dell'incapacità dello Stato di resistere alle pressioni del mercato globale.

- **Tagli alla spesa pubblica:** Per attrarre investimenti o rispettare vincoli di bilancio, molti governi hanno ridotto i fondi per sanità, istruzione e previdenza, peggiorando le condizioni di vita dei cittadini.

- **Privatizzazioni selvagge:** Settori strategici, come l'energia, i trasporti o le telecomunicazioni, sono stati ceduti a privati, eliminando il controllo pubblico su risorse essenziali e favorendo monopoli o oligopoli.

Le conseguenze per i cittadini:

La perdita dello Stato sociale ha lasciato molte persone senza una rete di sicurezza, costringendole a dipendere sempre più dal mercato, dove i nuovi "padroni" dettano le regole senza alcuna supervisione democratica.

Il mito della neutralità dello Stato

Negli ultimi decenni, si è diffusa l'idea che lo Stato debba essere "neutrale", limitandosi a creare le condizioni per il libero mercato. Tuttavia, questa neutralità è spesso un'illusione:

- **Favoritismi nascosti:** Sussidi e incentivi sono spesso diretti alle grandi aziende, mentre le piccole imprese e i lavoratori autonomi ricevono scarsi benefici.

- **Leggi su misura:** Norme e regolamenti vengono plasmati per adattarsi alle esigenze delle élite economiche, ignorando le esigenze delle classi meno abbienti.

La percezione popolare:

Molti cittadini vedono lo Stato come distante e inefficace, incapace di rappresentare i loro interessi. Questo disincanto alimenta il populismo e la sfiducia nelle istituzioni democratiche.

L'incapacità di affrontare le sfide globali

Lo Stato moderno appare impotente di fronte ai fenomeni globali che dominano l'economia e la società.

- **Globalizzazione economica:** Le multinazionali operano su scala mondiale, mentre i governi nazionali hanno strumenti limitati per regolare le loro attività.

- **Tecnologia e innovazione:** La rapida evoluzione tecnologica ha creato nuovi settori economici difficili da normare, lasciando ampi spazi di manovra alle grandi aziende digitali.

- **Crisi climatica:** Gli interessi economici spesso bloccano le politiche ambientali necessarie, poiché i governi temono di danneggiare le imprese e gli investitori.

Come può la sinistra sfidare lo Stato e il nuovo "padrone"?

Per rispondere a queste dinamiche, la sinistra deve ridefinire il ruolo dello Stato, trasformandolo da complice del mercato a garante del benessere collettivo.

1. **Ricostruire il welfare:**

- Investire in sanità, istruzione e servizi pubblici, rafforzando la fiducia dei cittadini nelle istituzioni.
- Contrastare le privatizzazioni nei settori strategici, riportandoli sotto il controllo pubblico.

2. **Tassare equamente le grandi ricchezze:**
   - Riformare i sistemi fiscali per colpire l'evasione e l'elusione delle multinazionali.
   - Introdurre tasse sui grandi patrimoni per finanziare politiche redistributive.

3. **Regolare il mercato:**
   - Imposizione di norme rigide sui settori come la tecnologia, la finanza e l'ambiente per limitare gli eccessi del mercato.
   - Promuovere la concorrenza, spezzando i monopoli.

4. **Collaborazione internazionale:**
   - Lavorare con altri Stati per creare un quadro normativo globale, capace di affrontare fenomeni transnazionali come l'evasione fiscale e il cambiamento climatico.

Conclusione: Lo Stato deve riprendersi il suo ruolo

L'incapacità dello Stato di imporre regole ha lasciato il campo libero ai nuovi "padroni", che dominano incontrastati il mercato globale. La sinistra deve riportare lo Stato al centro della politica, trasformandolo in un alleato dei cittadini e non dei potenti. Solo così sarà possibile restituire dignità e speranza a chi oggi si sente abbandonato e invisibile.

3 Parte III: Ritorno al futuro

3.1 Riconquistare il portafoglio delle persone

3.1.1 Idee e proposte per riportare al centro il benessere economico delle classi popolari

Per riconquistare il consenso e il cuore delle persone, la sinistra deve tornare a essere la forza che difende e migliora concretamente le condizioni economiche delle classi popolari. Negli anni in cui il PCI dominava la scena politica, il benessere economico era al centro di ogni battaglia: salario, diritti sul lavoro, casa e sanità erano temi tangibili, che parlavano direttamente alla vita quotidiana. Oggi, per rilanciarsi, la sinistra deve ridefinire il proprio messaggio e le proprie proposte, rispondendo con chiarezza e praticità ai problemi reali delle persone.

Un nuovo contratto sociale: lavoro stabile e dignitoso

Lotta al lavoro precario

- **Introduzione di un salario minimo garantito:** Un tetto sotto il quale nessun lavoratore deve scendere, per proteggere i redditi più bassi e garantire una vita dignitosa.
- **Regolamentazione del lavoro atipico:** Riconoscere diritti e tutele ai lavoratori della gig economy, equiparandoli ai dipendenti tradizionali.

Incentivi alla stabilità lavorativa

- Penalizzare fiscalmente le imprese che abusano dei contratti precari e premiare quelle che investono in assunzioni a tempo indeterminato.
- Sostegno alle piccole e medie imprese (PMI), che spesso sono la spina dorsale del tessuto produttivo ma faticano a garantire stabilità a causa della concorrenza delle multinazionali.

Redistribuzione delle risorse: tassare i ricchi per aiutare i poveri

Riforma fiscale progressiva

- **Aumento delle tasse sui grandi patrimoni:** Introdurre una tassa sulla ricchezza, che colpisca patrimoni eccessivi, per finanziare politiche sociali.

- **Eliminazione delle agevolazioni fiscali ingiuste:** Semplificare il sistema fiscale, eliminando scappatoie che favoriscono le grandi aziende e le classi più abbienti.

Investimenti nel welfare

- **Sanità pubblica e universale:** Aumentare i fondi per garantire cure gratuite e di qualità a tutti i cittadini.
- **Politiche per la casa:** Programmi di edilizia popolare e incentivi per l'affitto a prezzi accessibili, soprattutto per i giovani e le famiglie a basso reddito.

Lotta all'inflazione e caro vita

Regolamentazione dei prezzi essenziali
- Intervenire per calmierare i costi di beni e servizi essenziali, come energia, carburante e cibo, attraverso sussidi diretti o il controllo temporaneo dei prezzi in caso di crisi.

Sostegno al potere d'acquisto

- **Riduzione del cuneo fiscale:** Aumentare i salari netti riducendo le imposte sui redditi medio-bassi.
- **Assegni di sostegno al reddito:** Ampliare strumenti come il reddito minimo garantito per proteggere le famiglie più vulnerabili.

Politiche industriali per una nuova economia

Investimenti pubblici in settori strategici
- **Transizione ecologica:** Creare posti di lavoro verdi attraverso investimenti pubblici nelle energie rinnovabili e nell'efficienza energetica.
- **Rilancio della manifattura:** Favorire il reshoring, riportando in Italia attività produttive delocalizzate, per rafforzare l'occupazione e il tessuto industriale.

Innovazione e tecnologia al servizio della società

- Promuovere start-up e imprese locali nel settore tecnologico, contrastando il monopolio dei giganti digitali.

- Creare piattaforme pubbliche o cooperative che competano con le multinazionali private, offrendo alternative etiche e sostenibili.

Un nuovo messaggio: tornare a parlare alla "pancia"

Linguaggio semplice, soluzioni chiare

La sinistra deve tornare a usare un linguaggio diretto e comprensibile, evitando tecnicismi e concetti astratti. Le persone non vogliono sentir parlare di "equità fiscale" o "redistribuzione della ricchezza" in termini accademici: vogliono sapere come il loro stipendio aumenterà, come pagheranno meno tasse o come potranno comprare casa.

Slogan che uniscono, non che dividono

- Slogan come **"Più soldi nelle tasche dei lavoratori"** o **"La casa è un diritto, non un lusso"** evocano problemi concreti e soluzioni immediate.
- Creare un nemico comune, come il "padrone senza volto" delle multinazionali o l'avidità dei grandi speculatori, può aiutare a canalizzare il malcontento verso obiettivi costruttivi.

Coinvolgimento popolare: una sinistra che ascolta e agisce

Riavvicinarsi ai territori

- Riaprire sezioni locali che fungano da punti di ascolto delle comunità. Questi spazi devono essere non solo centri di organizzazione politica, ma anche luoghi in cui i cittadini possano trovare supporto e risposte.

Dare voce ai lavoratori e ai giovani

- Coinvolgere sindacati, associazioni studentesche e movimenti sociali nella definizione delle politiche, per garantire che le proposte siano radicate nei bisogni reali.

Conclusione: Il futuro è nelle mani della sinistra

Riconquistare il portafoglio delle persone non significa solo aumentare i redditi o abbassare i prezzi, ma ricostruire un senso di sicurezza e fiducia. La sinistra, per tornare al centro della scena politica, deve dimostrare di avere una visione pratica, concreta e inclusiva, capace di restituire dignità e benessere a chi si sente abbandonato. È un compito difficile, ma non impossibile: il passato insegna che, quando la sinistra parla ai bisogni delle persone, può mobilitare energie e speranze straordinarie.

3.1.2 Lavoro, salario minimo, fiscalità progressiva: temi concreti per la sinistra

Per tornare a essere rilevante e a parlare alla "pancia" delle persone, la sinistra deve rimettere al centro della propria agenda questioni concrete e universali. Tra queste, il lavoro, il salario minimo e una fiscalità progressiva rappresentano i pilastri di una politica che mira a migliorare le condizioni materiali delle classi popolari. Questi temi non solo rispondono ai problemi quotidiani delle persone, ma offrono anche una visione di giustizia sociale e di redistribuzione della ricchezza.

Il lavoro al centro: diritti e dignità

Il lavoro è la chiave del benessere economico e sociale. Negli ultimi decenni, però, si è assistito a un progressivo deterioramento delle condizioni lavorative: salari stagnanti, precarietà diffusa e perdita di diritti.

Lotta al precariato

- **Riforma dei contratti:** Introdurre limiti severi all'uso dei contratti a termine e delle forme di lavoro atipico.
- **Stabilità lavorativa:** Incentivare le imprese che assumono a tempo indeterminato attraverso agevolazioni fiscali e sgravi contributivi.

Diritti per i lavoratori della gig economy

- Garantire tutele previdenziali e assicurative ai lavoratori di piattaforme digitali, come rider e autisti, equiparandoli ai dipendenti tradizionali.
- Imposizione di standard minimi di compensazione per il lavoro su chiamata e freelance.

Formazione e riqualificazione

- Avviare programmi di formazione professionale gratuiti per adeguare le competenze dei lavoratori alle nuove esigenze del mercato, con particolare attenzione ai settori tecnologici e sostenibili.

Salario minimo: una risposta al lavoro povero

Negli ultimi anni, il fenomeno del **lavoro povero** si è esteso anche ai paesi sviluppati, Italia inclusa. Milioni di persone lavorano a tempo pieno, ma non guadagnano abbastanza per vivere dignitosamente.

L'introduzione del salario minimo

- Stabilire una soglia minima oraria per tutti i settori, garantendo che nessun lavoratore riceva meno del necessario per condurre una vita dignitosa.
- Il salario minimo deve essere adeguato al costo della vita locale e rivisto periodicamente per tenere conto dell'inflazione.

Benefici economici e sociali

- **Riduzione delle disuguaglianze:** Un salario minimo può contribuire a colmare il divario tra i lavoratori a basso e alto reddito.
- **Stimolo ai consumi:** Più reddito disponibile significa maggiori consumi, con effetti positivi sull'economia nazionale.

Una fiscalità progressiva e giusta

Il sistema fiscale è uno degli strumenti più potenti per ridurre le disuguaglianze e finanziare politiche sociali efficaci. Tuttavia, negli ultimi anni, la tassazione è diventata sempre più regressiva, favorendo le grandi ricchezze e le multinazionali.

Tassare i ricchi e le multinazionali

- **Introduzione di una tassa sulla ricchezza:** Colpire i patrimoni superiori a una certa soglia con aliquote progressive, garantendo che i più abbienti contribuiscano maggiormente.
- **Contrasto all'evasione fiscale:** Rafforzare i controlli e le sanzioni per recuperare miliardi di euro che ogni anno vengono sottratti al fisco.

Riforma delle aliquote IRPEF

- Ridurre le imposte sui redditi medio-bassi per aumentare il potere d'acquisto delle famiglie.
- Incrementare le aliquote per i redditi molto elevati, creando un sistema più equo e progressivo.

Eliminare i paradisi fiscali interni ed esterni

- Collaborare con altri paesi per combattere l'elusione fiscale delle multinazionali.
- Eliminare trattamenti fiscali privilegiati per le grandi aziende all'interno del territorio nazionale.

Misure concrete per il benessere economico

Politiche per la casa

- **Sostegno all'affitto:** Introdurre incentivi per i proprietari che affittano a prezzi calmierati e offrire sussidi diretti alle famiglie in difficoltà.
- **Rilancio dell'edilizia popolare:** Costruire nuove abitazioni pubbliche per offrire soluzioni abitative a costi accessibili.

Riduzione del costo della vita

- **Calmierare i prezzi dell'energia:** Interventi diretti per abbassare le bollette energetiche attraverso sussidi o investimenti in fonti rinnovabili.
- **Tagli all'IVA su beni essenziali:** Ridurre o eliminare l'IVA su alimenti di base, farmaci e prodotti di prima necessità.

Un piano per il futuro: inclusione e solidarietà

Inclusione sociale

- Sostenere le fasce più deboli della popolazione, come disoccupati di lunga durata, giovani e anziani a basso reddito, attraverso politiche mirate.
- Promuovere l'uguaglianza di genere nel lavoro, con incentivi per l'assunzione e la crescita professionale delle donne.

Solidarietà generazionale

- Creare un patto tra generazioni che bilanci le risorse tra pensionati e giovani, evitando che il peso delle riforme cada sempre sulle spalle delle nuove leve.

Conclusione: Tornare a essere il motore del cambiamento

Lavoro, salario minimo e fiscalità progressiva sono temi che, più di altri, possono riconnettere la sinistra con le classi popolari. Non si tratta solo di proposte economiche, ma di una visione politica che pone la dignità e il benessere delle persone al centro dell'agenda. Per ritornare a vincere, la sinistra deve dimostrare di essere capace di trasformare queste idee in realtà, ascoltando i cittadini e agendo con coraggio e determinazione.

3.1.3 Una nuova visione del welfare per i precari e i giovani

La crisi del welfare tradizionale è uno degli aspetti più evidenti del fallimento delle politiche nel rispondere ai bisogni delle nuove generazioni. I giovani e i lavoratori precari vivono una condizione di costante incertezza, caratterizzata da difficoltà ad accedere a diritti fondamentali come la casa, il lavoro stabile e la pensione.

La sinistra, se vuole riconquistare il consenso di queste fasce sociali, deve ripensare il modello di welfare per renderlo inclusivo e adatto alle sfide del mondo contemporaneo. Non basta preservare le tutele del passato: occorre immaginare una rete di sicurezza sociale che risponda alle trasformazioni economiche, al mercato del lavoro frammentato e alla precarietà esistenziale.

Il fallimento del welfare tradizionale

Un sistema pensato per il lavoro stabile

Il modello di welfare costruito nel Novecento era basato su un'idea di lavoro stabile e continuo, con un contratto a tempo indeterminato come perno di accesso ai diritti sociali. Questo schema, oggi, non è più rappresentativo della realtà: milioni di giovani e precari rimangono esclusi da tutele fondamentali.

La frattura generazionale

Le generazioni precedenti hanno beneficiato di un sistema che oggi non riesce a sostenere i più giovani. La disoccupazione giovanile, i contratti temporanei e la difficoltà ad accumulare contributi per la pensione hanno creato una generazione intrappolata in un circolo di insicurezza economica.

Una rete di sicurezza per i precari

Reddito universale garantito

- Introdurre un **reddito minimo universale** per garantire a tutti una base economica di sussistenza, indipendentemente dalla situazione lavorativa. Questo strumento aiuterebbe non solo i disoccupati, ma anche i lavoratori sottopagati o precari.
- Il reddito universale potrebbe essere modulato per incentivare la formazione e l'accesso al mercato del lavoro, senza penalizzare chi cerca nuove opportunità.

Tutele per i contratti atipici

- Estendere i diritti tradizionali (malattia, maternità/paternità, ferie) a tutte le forme di lavoro, comprese quelle della gig economy.
- Creare un sistema contributivo che consenta ai lavoratori precari di maturare diritti pensionistici e assicurativi anche con carriere discontinue.

Politiche per i giovani: casa, formazione, lavoro

Accesso alla casa

- **Contributi per l'affitto:** Introdurre misure specifiche per aiutare i giovani ad affrontare i costi abitativi, soprattutto nelle città con prezzi elevati.
- **Mutui agevolati:** Promuovere programmi di finanziamento per l'acquisto della prima casa, con garanzie statali che permettano anche a chi ha contratti temporanei di accedere al credito.

Investimenti nella formazione

- **Istruzione gratuita e universale:** Eliminare le tasse universitarie per gli studenti a basso reddito e aumentare le borse di studio.
- **Formazione continua:** Creare programmi di aggiornamento e riqualificazione professionale gratuiti, finanziati dallo Stato o co-finanziati dalle imprese.

Incentivi per l'occupazione giovanile

- Ridurre i costi per le aziende che assumono giovani con contratti a lungo termine, offrendo sgravi fiscali e contributivi.
- Favorire l'ingresso dei giovani nel settore pubblico con piani di assunzione specifici,

soprattutto in ambiti come la sanità, l'istruzione e la pubblica amministrazione.

Una pensione per tutti: il futuro della previdenza

Superare il sistema contributivo puro

- Rivedere il sistema pensionistico attuale, che penalizza chi ha carriere frammentate, introducendo una componente di solidarietà per garantire una pensione minima a tutti.
- Introdurre meccanismi che riconoscano i periodi di disoccupazione involontaria o formazione come anni validi ai fini contributivi.

Pensioni integrate per i precari

- Creare un fondo pubblico per integrare le pensioni dei lavoratori precari, finanziato attraverso una tassazione progressiva sui redditi più alti e sugli utili delle grandi imprese.

Cambiare il messaggio: un welfare inclusivo per il futuro

Dal passato al presente

La sinistra deve abbandonare la narrazione che vede il welfare come un privilegio o una concessione. In un mondo di incertezze crescenti, il welfare deve essere presentato come un **diritto universale**, capace di offrire stabilità e opportunità a tutti.

Una visione di speranza

- Comunicare una visione positiva del futuro, in cui il welfare non è solo una rete di sicurezza per i momenti di difficoltà, ma un motore per costruire una società più equa e dinamica.
- Promuovere politiche che non si limitino a "tamponare" le emergenze, ma che creino percorsi di emancipazione per giovani e precari.

Conclusione: Ripensare il welfare per riconquistare fiducia

Una nuova visione del welfare non è solo necessaria, ma anche strategicamente cruciale per riportare la sinistra al centro del dibattito politico. Offrire soluzioni concrete e accessibili ai precari e ai giovani significa ricostruire un legame con le classi popolari e restituire speranza a chi oggi si sente escluso. Il futuro non può essere costruito sulla precarietà: la sinistra deve guidare la transizione verso un welfare moderno, giusto e inclusivo, che parli davvero al portafoglio e alla pancia delle persone.

3.2   Riformulare il concetto di "nemico"

3.2.1   Come definire un nuovo antagonista credibile: "il sistema" al posto del Padrone?

Uno degli elementi più potenti delle narrazioni politiche di successo è la costruzione di un "nemico" chiaro e riconoscibile, contro il quale mobilitare energie e consensi. Il PCI riusciva a canalizzare il malcontento verso il "Padrone", figura concreta e tangibile che incarnava le disuguaglianze economiche e sociali. Oggi, in un mondo globalizzato e iperconnesso, il concetto di "Padrone" si è dissolto: il potere non ha più un volto unico, ma si manifesta attraverso reti complesse di istituzioni, multinazionali e meccanismi economici spesso invisibili.

Per costruire una narrazione efficace, la sinistra deve ridefinire il suo nemico, identificando un antagonista credibile che rappresenti l'ingiustizia e il blocco delle opportunità. Quel nemico può essere "il sistema" inteso come un insieme di dinamiche economiche, politiche e tecnologiche che perpetuano le disuguaglianze.

Perché il "sistema" è un nemico credibile?

Invisibile ma pervasivo

A differenza del "Padrone" del passato, il sistema non è incarnato in una singola figura, ma i suoi effetti sono tangibili e quotidiani: salari bassi, caro vita, precarietà, crisi ambientali. Questa pervasività rende il sistema un nemico riconoscibile, purché venga spiegato con chiarezza.

Responsabile delle disuguaglianze

Il sistema perpetua la concentrazione della ricchezza e del potere, privando le persone comuni di risorse e opportunità. Denunciarlo significa schierarsi dalla parte di chi subisce queste dinamiche.

Offre una narrazione di lotta collettiva

L'opposizione al sistema permette di unire gruppi sociali diversi – lavoratori, giovani, precari, ambientalisti – attorno a un obiettivo comune: trasformare un sistema ingiusto in uno equo.

Come combattere il sistema?
Denunciare le ingiustizie

La sinistra deve essere chiara e diretta nel denunciare gli effetti distruttivi del sistema sulle vite quotidiane: salari inadeguati, precarietà, sfruttamento ambientale, accesso negato ai diritti fondamentali.

Proporre alternative concrete

- **Regolamentare le multinazionali:** Introdurre leggi che obblighino le grandi aziende a rispettare standard fiscali, ambientali e lavorativi più stringenti.

- **Tassare la ricchezza globale:** Sostenere l'idea di una tassazione internazionale per redistribuire i profitti accumulati dalle élite globali.
- **Ridurre il potere della finanza:** Promuovere politiche che riportino risorse all'economia reale, limitando la speculazione finanziaria.

Dare un volto umano al conflitto

Per rendere il sistema un nemico tangibile, è necessario raccontare storie di persone comuni che subiscono le sue ingiustizie: il lavoratore precario, il giovane schiacciato dai debiti, la famiglia che non riesce ad arrivare a fine mese. Questi racconti personalizzati rendono il messaggio più comprensibile ed emotivamente coinvolgente.

Il sistema e il futuro: una battaglia di valori

Il confronto con il sistema non è solo economico, ma anche valoriale. Si tratta di opporre alla logica del profitto una visione di società basata su solidarietà, giustizia e sostenibilità.

- **Valorizzare le persone:** Rimettere al centro la dignità del lavoro e il benessere collettivo.
- **Proteggere il pianeta:** Contrastare un sistema economico che distrugge l'ambiente in nome del profitto.
- **Creare uguaglianza:** Lottare per una redistribuzione equa delle risorse, contro un sistema che concentra tutto nelle mani di pochi.

Conclusione: Un nuovo nemico per una nuova sinistra

Riformulare il concetto di "nemico" significa dare alla sinistra una nuova identità e una nuova missione. Il sistema, con le sue dinamiche opprimenti e ingiuste, offre un antagonista credibile e unificante. Combatterlo non vuol dire solo opporsi a qualcosa, ma anche proporre un futuro diverso, in cui il potere torni a essere distribuito e la ricchezza diventi un bene condiviso. Questa narrazione non solo è necessaria, ma potrebbe rappresentare la chiave per riconquistare la fiducia delle masse.

3.2.2 Un racconto contro le diseguaglianze: giustizia fiscale, redistribuzione e diritti sociali

Per costruire una narrazione politica che possa mobilitare le masse, la sinistra deve tornare a porre al centro il concetto di **diseguaglianza** come il principale ostacolo al benessere collettivo. Il "nemico", oggi, non è un individuo o una classe sociale facilmente identificabile, ma un sistema che alimenta l'iniquità attraverso meccanismi economici e politici apparentemente ineluttabili.

Questo racconto deve essere incentrato su un obiettivo chiaro: **ridurre le diseguaglianze** attraverso strumenti concreti come la giustizia fiscale, la redistribuzione della ricchezza e il rafforzamento dei diritti sociali. Non si tratta solo di combattere un nemico astratto, ma di proporre una visione alternativa di società, più equa e solidale.

Diseguaglianze: il volto di un nemico invisibile

Il divario economico

La diseguaglianza economica è oggi più marcata che mai: una piccola élite possiede una quota sproporzionata della ricchezza globale, mentre milioni di persone lottano per accedere ai beni di prima necessità.

- **I numeri della diseguaglianza:** Gli ultimi rapporti evidenziano che il patrimonio dell'1% più ricco supera quello del restante 99%. Questi dati non sono solo statistiche, ma rappresentano vite vissute in una forbice di opportunità radicalmente diversa.
- **L'effetto sui giovani e sui lavoratori:** La diseguaglianza si traduce in salari stagnanti, difficoltà a comprare una casa, mancanza di risparmio per il futuro.

Diseguaglianza di accesso ai diritti

Oltre alla dimensione economica, il nemico si manifesta nella disparità di accesso ai diritti fondamentali: sanità, istruzione, casa, lavoro. Questi beni, che dovrebbero essere universali, diventano sempre più appannaggio di chi può permetterseli.

Giustizia fiscale: il primo passo verso l'equità

La frode fiscale come crimine contro la società
La narrazione contro le diseguaglianze deve evidenziare come l'elusione fiscale e i paradisi fiscali privino le comunità di risorse vitali.

- **Il privilegio dei ricchi:** Le multinazionali e gli individui più facoltosi eludono il fisco trasferendo i loro profitti nei paradisi fiscali, mentre le classi lavoratrici continuano a pagare la maggior parte delle tasse.
- **Un danno collettivo:** Questi comportamenti tolgono fondi a ospedali, scuole e infrastrutture, aggravando il divario sociale.

Redistribuzione della ricchezza: una priorità sociale

Riconquistare il benessere collettivo
La redistribuzione non è un atto di carità, ma una strategia per costruire una società più stabile e prospera. Le economie più egalitarie dimostrano che la ridistribuzione migliora il benessere generale e riduce i conflitti sociali.

Diritti sociali: il pilastro di una nuova società

Difendere e ampliare i diritti
La sinistra deve tornare a essere il baluardo dei diritti sociali: lavoro dignitoso, sanità universale, istruzione gratuita e previdenza per tutti.

Una visione per il futuro

- **Sanità pubblica potenziata:** Investire in un sistema sanitario che non lasci indietro nessuno, eliminando le liste d'attesa e garantendo accesso gratuito alle cure di base.
- **Istruzione per tutti:** Rendere l'istruzione gratuita a tutti i livelli, eliminando barriere economiche che penalizzano i giovani provenienti da famiglie meno abbienti.
- **Pensione minima garantita:** Assicurare una pensione dignitosa a chiunque, indipendentemente dalla frammentazione del percorso lavorativo.

Il racconto della redistribuzione: una battaglia collettiva

Dal singolo alla collettività

Riformulare il concetto di "nemico" significa passare da una visione individualista a una collettiva. La lotta non è contro singoli individui, ma contro un sistema che sottrae risorse alla maggioranza per concentrarle nelle mani di pochi.

Una retorica inclusiva

Perché questa narrazione funzioni, deve essere inclusiva: la redistribuzione non è una minaccia per chi sta meglio, ma una garanzia per tutti. Una società più equa è anche più stabile e felice, per ricchi e poveri.

Conclusione: Il nemico è l'ingiustizia, la risposta è l'uguaglianza

La sinistra deve ricominciare a raccontare una storia di giustizia sociale, parlando a tutti coloro che subiscono le conseguenze delle diseguaglianze. Non si tratta solo di demonizzare il "nemico", ma di proporre soluzioni credibili che trasformino il conflitto in speranza.

In questo racconto, giustizia fiscale, redistribuzione e diritti sociali sono le armi per combattere un sistema che penalizza i più deboli. Tornare a dare voce ai bisogni concreti delle persone significa costruire una narrazione che non solo denuncia, ma anche ispira. Perché la sinistra può ancora essere il faro di chi sogna un futuro diverso: più giusto, più equo, più umano.

Il linguaggio della sinistra: Un cambio di passo

Tornare a parlare in modo semplice, diretto e popolare

Uno dei problemi principali della sinistra contemporanea è l'incapacità di comunicare in modo efficace con le persone comuni. La politica progressista, un tempo capace di emozionare e mobilitare le masse, sembra oggi parlare un linguaggio complesso, distante e spesso incomprensibile per chi affronta quotidianamente difficoltà economiche e sociali.

La semplicità come chiave per la comprensione

Slogan che parlano al cuore e alla pancia
Il successo del PCI e di altre formazioni politiche popolari si basava sull'uso di parole d'ordine semplici ma potenti: *"Pane e lavoro"*, *"La fabbrica ai lavoratori"*, *"Prima i diritti"*. Questi slogan erano immediatamente comprensibili e toccavano bisogni essenziali.

La sinistra di oggi, invece, utilizza spesso un linguaggio tecnico o ideologico, che fatica a creare una connessione emotiva. Proporre un *"reddito di cittadinanza universale"* o *"politiche green inclusive"* può essere corretto sul piano tecnico, ma non scalda i cuori. L'arte della semplicità non è banalità, ma capacità di sintesi.

Essere diretti: Il bisogno di chiarezza

Parlare di problemi concreti

Le persone vogliono sentir parlare di temi che toccano le loro vite: il caro vita, la difficoltà di arrivare a fine mese, il mutuo, l'educazione dei figli. Il linguaggio politico deve focalizzarsi su soluzioni tangibili, traducendo visioni complesse in azioni comprensibili.

Un esempio: anziché parlare di *"redistribuzione della ricchezza attraverso un sistema fiscale progressivo"*, meglio dire: *"Tasse più basse per chi lavora, tasse più alte per chi guadagna milioni senza fare nulla"*.

Coinvolgere attraverso emozioni autentiche

I grandi movimenti della storia non si sono basati solo su programmi tecnici, ma su appelli emotivi che hanno unito le persone attorno a una causa comune. Raccontare storie personali – il lavoratore che guadagna troppo poco, la madre che non riesce a pagare le bollette – rende le battaglie politiche accessibili e universali.

Un linguaggio che sia davvero popolare

L'importanza del contatto diretto

Il linguaggio non è solo verbale, ma anche fisico e simbolico. Tornare nei mercati, nelle piazze, nei luoghi di lavoro significa dimostrare vicinanza reale ai bisogni delle persone. Il volto umano della politica si esprime non solo attraverso le parole, ma anche attraverso i gesti e la presenza.

Esempi storici: Perché il linguaggio semplice funziona

Roosevelt e il New Deal
Negli anni '30, Franklin Delano Roosevelt riuscì a comunicare un messaggio di speranza durante la Grande Depressione usando parole semplici e rassicuranti. Frasi come *"Un'America più forte per tutti"* portarono milioni di persone a credere in un futuro migliore.

Martin Luther King

Il famoso *"I Have a Dream"* non era un discorso complesso, ma una visione chiara e commovente che parlava al cuore delle persone. La semplicità delle parole rafforzava la loro forza evocativa.

Tornare a parlare come la gente comune

Ridare voce ai lavoratori e alle classi popolari
Per essere rilevante, la sinistra deve parlare come le persone che vuole rappresentare. Questo significa ascoltare i loro bisogni e adottare un linguaggio che riflette la loro realtà. Frasi come *"Basta stipendi da fame"*, *"Il diritto alla casa è un diritto umano"*, *"La salute prima dei profitti"* possono riaccendere il dibattito pubblico e ispirare fiducia.

Riconoscere i propri errori

Ammettere che il linguaggio della sinistra si è spesso allontanato dalle persone è un primo passo verso il cambiamento. Riconoscere gli errori del passato crea credibilità e apre la strada a una comunicazione più autentica.

Conclusione: Una lingua per tutti

Ritrovare un linguaggio semplice, diretto e popolare non è una strategia, ma una necessità per la sinistra. In un mondo dove le diseguaglianze crescono e la sfiducia verso la politica si aggrava, il modo in cui ci si esprime può fare la differenza tra mobilitare le masse o rimanere confinati in una nicchia.

Come diceva Gramsci, *"Ogni movimento sociale ha bisogno di un linguaggio che sia capace di creare consenso, spiegare obiettivi e far sentire le persone parte di una causa comune"*. Tornare a parlare come le persone, per le persone, è il primo passo verso un futuro politico più inclusivo e vincente.

3.2.3 Riconquistare la fiducia delle periferie (sociali e geografiche)

La sfida cruciale per la sinistra è riconquistare la fiducia delle periferie, intese sia come luoghi fisici – quartieri popolari, aree rurali, piccole città – sia come comunità sociali ai margini del benessere e della rappresentanza. Questi spazi, un tempo roccaforti del consenso progressista, sono oggi terreni fertili per la destra, che ha saputo intercettarne le paure e i bisogni.

Periferie geografiche: il territorio dimenticato

L'abbandono delle aree rurali e dei piccoli centri
Negli ultimi decenni, la sinistra ha progressivamente concentrato il suo consenso nelle grandi città e nelle aree metropolitane, perdendo contatto con le province e le comunità rurali. Questo abbandono è il risultato di politiche che hanno privilegiato la globalizzazione economica senza compensare gli effetti devastanti su chi vive in territori impoveriti dalla chiusura di fabbriche e dalla fuga di giovani.

- **Infrastrutture e servizi mancanti:** In molte periferie, trasporti pubblici inadeguati, ospedali distanti e scuole poco attrezzate alimentano il senso di isolamento.
- **Opportunità economiche:** L'assenza di investimenti ha trasformato questi territori in deserti industriali e sociali.

Una narrazione che rivaluti i territori

Per riconquistare la fiducia delle periferie geografiche, la sinistra deve proporre un modello di sviluppo che restituisca dignità e opportunità a questi luoghi:

- Investimenti in infrastrutture e trasporti.
- Politiche per incentivare la presenza di imprese nelle aree rurali.
- Sostegno al recupero culturale e sociale delle comunità locali.

Periferie sociali: gli invisibili della modernità

Chi sono le nuove periferie sociali

Le periferie non sono solo luoghi fisici, ma anche comunità sociali escluse dai processi di progresso economico e culturale. Tra queste troviamo:

- **I lavoratori precari e sottopagati,** senza stabilità né prospettive di crescita.
- **I disoccupati cronici,** spesso concentrati nei quartieri popolari.
- **Gli anziani,** schiacciati da pensioni insufficienti e dalla solitudine.
- **I giovani,** costretti a lavori senza futuro o a emigrare.

La mancanza di ascolto

Questi gruppi si sentono dimenticati dalla politica, soprattutto dalla sinistra, che ha spostato il suo focus su temi considerati "d'élite". Mentre si parlava di transizione ecologica o diritti civili, la vita di chi lotta per pagare l'affitto è rimasta ai margini del dibattito.

Riportare al centro i bisogni concreti

Politiche di prossimità

Per riconquistare le periferie, la sinistra deve tornare a essere presente fisicamente nei territori e vicina ai problemi quotidiani delle persone. Questo significa:

- Aprire sedi e spazi di confronto nei quartieri e nelle città minori.
- Coinvolgere le comunità locali nella definizione delle politiche.
- Sostenere iniziative che migliorino immediatamente la qualità della vita, come il potenziamento di asili nido, case popolari e centri di aggregazione.

Il linguaggio della concretezza

Parlare di salari, mutui, affitti e bollette deve diventare la priorità assoluta della comunicazione politica della sinistra. Proposte semplici e dirette, come *"Meno tasse sui redditi bassi"* o *"Un salario minimo che garantisca dignità"*, possono ristabilire un legame emotivo con chi si sente escluso.

Contrapporsi alla narrazione della destra

La destra come "voce delle periferie"

La destra ha costruito gran parte del suo successo raccontando di essere la vera difesa degli "ultimi", sfruttando paure come l'immigrazione, la sicurezza e il declino economico. Per recuperare consenso, la sinistra deve:

- **Offrire alternative concrete:** Smentire con i fatti l'idea che il nemico sia lo straniero o il diverso, mostrando che i veri problemi sono economici e strutturali.
- **Superare il linguaggio divisivo:** Proporre soluzioni che non alimentino conflitti, ma che uniscano le comunità attorno a obiettivi comuni.

La battaglia contro l'abbandono

La sinistra deve saper comunicare che l'abbandono delle periferie non è inevitabile, ma il risultato di scelte politiche sbagliate. Riconoscere gli errori e proporre soluzioni concrete può ricostruire un rapporto di fiducia.

Le periferie come opportunità, non problema

Valorizzare le energie delle periferie

Le periferie sono luoghi di resilienza e creatività. La sinistra deve investire in politiche che diano voce a chi vive in queste realtà:

- Progetti culturali e sociali per i giovani.
- Sostegno all'imprenditoria locale e alle cooperative.
- Promozione del volontariato e del mutuo soccorso.

Un messaggio di speranza

Le periferie devono essere raccontate non solo come luoghi di disagio, ma come spazi di potenziale rinascita. Un linguaggio che restituisca fiducia e ottimismo può invertire la tendenza al disincanto.

Conclusione: Ricostruire il ponte tra centro e periferia

Riconquistare la fiducia delle periferie significa ridefinire il patto sociale tra la sinistra e le persone che dovrebbe rappresentare. Non basta più parlare a nome loro: bisogna ascoltare, capire e agire.

Solo attraverso un linguaggio e una politica che mettono al centro i bisogni concreti delle periferie sociali e geografiche, la sinistra potrà tornare a essere una forza inclusiva e radicata. Le periferie non sono il confine del cambiamento: possono diventarne il cuore pulsante.

3.2.4 Una comunicazione emotiva, ma basata su soluzioni reali

Uno degli errori più frequenti della sinistra contemporanea è l'incapacità di bilanciare emozione e concretezza nella comunicazione. Da un lato, le proposte sono spesso tecniche e complesse, distanti dalla sensibilità delle persone; dall'altro, quando si cerca di adottare un linguaggio emotivo, si rischia di cadere in slogan vuoti, privi di un ancoraggio a soluzioni pratiche.

Per tornare a essere incisiva e riconnettersi con l'elettorato, la sinistra deve integrare l'aspetto emotivo con una visione pragmatica: raccontare storie che colpiscono, ma offrendo risposte chiare e realizzabili ai problemi quotidiani.

La forza dell'emozione

Raccontare storie umane
Le emozioni sono il motore del cambiamento sociale. Grandi leader del passato, da Martin Luther King a Enrico Berlinguer, hanno saputo mobilitare milioni di persone facendo leva su aspirazioni e sentimenti condivisi: giustizia, dignità, speranza.

Oggi, raccontare storie personali può essere altrettanto efficace. Parlare di:

- Un lavoratore precario che non arriva a fine mese.
- Una madre costretta a scegliere tra cibo e riscaldamento.

- Un giovane costretto a emigrare per costruirsi un futuro.

Queste narrazioni non solo coinvolgono emotivamente, ma rendono immediatamente visibile il significato delle politiche proposte.

Creare empatia senza paternalismo

La comunicazione emotiva della sinistra deve evitare toni paternalistici o moralistici, che spesso risultano irritanti per chi vive difficoltà reali. Invece di presentarsi come "salvatori" delle masse, i leader progressisti dovrebbero mostrarsi come parte della stessa lotta, utilizzando un linguaggio che valorizza dignità e autonomia.

Soluzioni reali e immediate

Legare l'emozione all'azione

L'emozione, da sola, non basta. Per essere credibile, deve essere associata a proposte pratiche e comprensibili. Ad esempio:

- **Caro vita:** Raccontare il dramma delle famiglie in difficoltà deve essere accompagnato da una proposta concreta, come il taglio dell'IVA sui beni essenziali o l'aumento dei salari minimi.
- **Crisi abitativa:** Parlare della difficoltà di pagare un affitto deve essere collegato a un piano per

costruire nuove case popolari e calmierare i prezzi degli affitti.

Usare numeri chiari e rassicuranti

Sebbene l'emozione sia fondamentale, le persone vogliono anche sapere *come* una proposta verrà realizzata. La sinistra deve rispondere a questa esigenza con dati concreti e comprensibili, senza appesantire il messaggio. Ad esempio:

- "Un salario minimo di 10 euro l'ora significa 300 euro in più al mese per chi lavora a tempo pieno."
- "Ridurre del 50% le bollette per le famiglie con redditi bassi grazie a un fondo nazionale per l'energia."

Un nuovo modo di parlare

Empatia e dialogo diretto

Tornare a un linguaggio che ascolta e risponde ai bisogni delle persone è fondamentale. Questo significa abbandonare toni accademici o ideologici in favore di un dialogo semplice e diretto, che parte dalle domande reali delle persone:

- *"Come posso permettermi di mandare i miei figli a scuola?"*
- *"Quando avrò una pensione dignitosa?"*

L'importanza dei nuovi media

I social network offrono l'opportunità di creare una comunicazione più intima e personalizzata. Brevi video, dirette in cui i leader rispondono alle domande dei cittadini, o post che raccontano successi reali delle politiche progressiste possono riaccendere la fiducia e il coinvolgimento.

Un equilibrio tra visione e concretezza

Offrire una prospettiva di lungo termine

La sinistra deve essere capace di proporre una visione del futuro che entusiasmi, ma senza perdere il contatto con la realtà. Ad esempio, parlare di transizione ecologica non come un sacrificio, ma come un'opportunità per creare nuovi posti di lavoro e migliorare la qualità della vita.

Riconoscere i fallimenti del passato

Per costruire credibilità, è essenziale ammettere gli errori del passato, mostrando di aver imparato da essi. Questo approccio non solo è più onesto, ma rafforza la percezione di autenticità.

Conclusione: Emozione e pragmatismo per riconquistare le persone

Una comunicazione efficace per la sinistra non può più permettersi di essere né freddamente tecnica né esclusivamente emotiva. Deve fondersi in un racconto che tocchi il cuore delle persone, ma che fornisca anche soluzioni tangibili ai problemi concreti che affrontano ogni giorno.

Come diceva Sandro Pertini: *"Libertà senza giustizia sociale è una conquista fragile."*. È in questo equilibrio che la sinistra può trovare il linguaggio per tornare a essere rilevante e vincente.

4 Conclusione: La sinistra può ancora vincere?

4.1 Un bilancio delle sfide future

La sinistra può ancora vincere? È una domanda che scuote ogni dibattito sul futuro politico, non solo in Italia ma in molte democrazie moderne. Non si tratta solo di un calcolo elettorale, ma di un interrogativo più profondo: la sinistra è ancora capace di rappresentare e migliorare la vita della maggioranza delle persone, specialmente di quelle più vulnerabili?

Le sfide sono enormi, ma non insormontabili. Per tornare a essere una forza trainante, la sinistra deve riconoscere i propri errori, rinnovare la propria visione e soprattutto ricostruire un rapporto autentico con la società.

Le sfide principali

La ricostruzione della fiducia

Il primo compito della sinistra è riconquistare la fiducia di quelle persone che si sono sentite tradite.

Questo significa:

- Ammettere con onestà gli errori del passato, come l'eccessivo appoggio a politiche neoliberiste che hanno aumentato le disuguaglianze.

- Dimostrare, con azioni concrete, che è possibile governare con competenza e coerenza rispetto ai valori progressisti.

La lotta alle diseguaglianze

In un mondo in cui il divario tra ricchi e poveri continua a crescere, la sinistra deve mettere al centro la giustizia economica e sociale. Non bastano slogan: servono proposte che incidano direttamente sulla vita delle persone, come il salario minimo, la riduzione delle tasse sui redditi bassi, e politiche per garantire casa e sanità a tutti.

La riconnessione con le periferie

La perdita delle periferie, sia geografiche che sociali, è stata devastante per la sinistra. Riportare questi luoghi al centro dell'azione politica non è solo una questione di strategia elettorale, ma una scelta di giustizia. La sinistra deve tornare a essere una presenza costante, non solo durante le campagne elettorali, ma nella vita quotidiana di chi si sente abbandonato.

Le opportunità del cambiamento

Un mondo in trasformazione

Le crisi globali – dai cambiamenti climatici alla pandemia, fino alle nuove tensioni geopolitiche – hanno dimostrato l'insostenibilità del sistema economico attuale. Queste sfide rappresentano anche un'opportunità per la sinistra di proporre un modello alternativo di sviluppo, più equo e sostenibile.

- **La transizione ecologica:** Presentarla non come una minaccia, ma come un'occasione per creare posti di lavoro e migliorare la qualità della vita.
- **La rivoluzione digitale:** Garantire che i benefici dell'innovazione tecnologica non restino nelle mani di pochi, ma siano distribuiti equamente.

Il desiderio di comunità

In un'epoca di frammentazione sociale, cresce il desiderio di appartenenza e solidarietà. La sinistra può rispondere a questa esigenza promuovendo un nuovo senso di comunità, basato su valori come la giustizia, la partecipazione e il rispetto delle differenze.

Il linguaggio del futuro

Per vincere, la sinistra deve anche cambiare il modo in cui parla alle persone. Serve un linguaggio che sia:

- **Empatico,** capace di riconoscere e dare voce alle difficoltà quotidiane.
- **Concreto,** in grado di offrire soluzioni pratiche e comprensibili.
- **Inclusivo,** capace di unire invece di dividere, mostrando che le lotte per i diritti sociali, economici e civili non sono in competizione tra loro.

Verso un nuovo patto sociale

La sinistra può vincere solo se riesce a costruire un nuovo patto sociale, che non sia calato dall'alto ma nasca dal confronto diretto con le persone. Questo significa:

- Rafforzare il dialogo con le comunità locali e i movimenti sociali.
- Promuovere una politica che non sia solo rappresentativa, ma partecipativa.
- Offrire una visione di lungo termine che dia speranza, senza ignorare le urgenze del presente.

4.2 Un appello per una sinistra che torni a essere "popolare" nel vero senso della parola

La sinistra può ancora vincere, ma solo se saprà riscoprire e incarnare la sua essenza più autentica: essere popolare. Non nel senso superficiale del termine, come ricerca del consenso immediato o adattamento agli umori del momento, ma come movimento capace di parlare, ascoltare e rappresentare il popolo – inteso nella sua pluralità, nelle sue sofferenze e nelle sue aspirazioni.

Essere *popolare* non significa rinunciare ai valori progressisti o piegarsi alle logiche del populismo. Al contrario, significa riscoprire la capacità di farsi interpreti dei bisogni reali delle persone comuni, offrendo soluzioni concrete che migliorino la loro vita. Significa ricucire lo strappo tra una politica percepita come distante e le lotte quotidiane di chi fatica ad arrivare a fine mese, cerca un lavoro dignitoso o sogna un futuro migliore per i propri figli.

Una sinistra che sa ascoltare

Per essere veramente popolare, la sinistra deve prima di tutto tornare ad ascoltare. Non attraverso sondaggi o analisi di marketing politico, ma costruendo un dialogo autentico con le persone. Questo richiede:

- **Presenza sul territorio:** Tornare nei quartieri, nelle fabbriche, nelle scuole, nei luoghi di lavoro e nelle periferie.
- **Ascolto attivo:** Non imporre agende precostituite, ma partire dai problemi concreti delle comunità, costruendo insieme le soluzioni.

La sinistra non può più permettersi di apparire come un'élite che parla dall'alto. Deve diventare una forza radicata, vicina e presente, capace di dialogare anche con chi oggi guarda altrove.

Una sinistra che sa proporre

Ascoltare è il primo passo, ma non basta. Per riconquistare fiducia e consenso, la sinistra deve anche saper proporre un progetto di società chiaro, ambizioso e, soprattutto, credibile. Un progetto che metta al centro:

- **Il benessere economico:** Salari dignitosi, una fiscalità giusta, accesso universale a servizi essenziali come sanità, istruzione e trasporti.
- **La sicurezza sociale:** Una rete di welfare che protegga le persone nei momenti di difficoltà, con

un occhio particolare ai giovani e ai lavoratori precari.

- **La giustizia climatica:** Affrontare la crisi ambientale non come un lusso, ma come un'opportunità per creare lavoro e garantire una vita migliore alle future generazioni.

Le proposte della sinistra devono essere chiare, semplici e direttamente legate ai problemi quotidiani delle persone. Non basta dire cosa si vuole fare: bisogna spiegare come lo si farà, con quali risorse e in quanto tempo.

Una sinistra che sa unire

Oggi più che mai, la sinistra deve essere una forza che unisce, non che divide. Per essere popolare, deve superare le contrapposizioni sterili che spesso la paralizzano, cercando alleanze tra diverse categorie sociali e sensibilità culturali.

- **Unire lavoratori e giovani, precari e pensionati, periferie e centri urbani:** La lotta per i diritti sociali deve andare di pari passo con quella per i diritti civili, mostrando che non sono in conflitto, ma complementari.
- **Superare il dogma della contrapposizione ideologica:** La sinistra deve essere capace di adattarsi ai tempi senza perdere i propri valori, costruendo un nuovo linguaggio capace di parlare a tutti.

Un movimento popolare non è quello che cerca di accontentare tutti, ma quello che sa costruire un senso di comunità attorno a obiettivi comuni.

Una sinistra coraggiosa e visionaria
Essere popolare significa anche avere il coraggio di proporre un futuro diverso, senza paura di sfidare i poteri consolidati. La sinistra deve tornare a essere la forza del cambiamento, capace di rompere con lo status quo e di proporre una visione di società più giusta, più equa e più umana.

Questo richiede coraggio politico, ma anche un nuovo rapporto con i cittadini: non come spettatori, ma come protagonisti del cambiamento. La sinistra deve promuovere una politica partecipativa, dove le decisioni siano il frutto di un dialogo continuo e aperto con le persone.

Un nuovo inizio è possibile
La sinistra può ancora vincere, ma deve cambiare. Deve tornare a essere quella forza che fa sperare chi non ha voce, che si batte per chi è stato lasciato indietro, che guarda al futuro senza dimenticare le sue radici.

Come diceva Pietro Ingrao: *"Non dobbiamo mai smettere di cercare. E di sognare. La politica è il luogo del cambiamento, del miglioramento, della speranza."*

Riscoprire la dimensione popolare non significa tornare al passato, ma costruire un futuro in cui le persone si sentano finalmente ascoltate, rappresentate e protagoniste. È un percorso difficile, ma necessario. Perché solo tornando popolare, nel vero senso della parola, la sinistra potrà riconquistare il cuore delle persone e tornare a vincere.

4.3 La necessità di un progetto politico che riconnetta testa e cuore, idee e bisogni

La sinistra può ancora vincere, ma solo se riesce a superare una scissione fondamentale che oggi la frena: quella tra testa e cuore, tra un pensiero politico spesso astratto e i bisogni concreti delle persone. Vincere non è solo una questione elettorale: è tornare a essere una forza capace di trasformare la società, di unire l'idealismo con la praticità, l'ambizione con la vicinanza quotidiana.

Negli ultimi decenni, la sinistra ha privilegiato la testa, dedicandosi a temi complessi e cruciali – dalla lotta per i diritti civili alla transizione ecologica – ma trascurando il cuore, cioè la connessione emotiva con chi lotta ogni giorno per il proprio benessere. Ha parlato spesso di giustizia e uguaglianza, ma ha dimenticato di declinare queste idee in soluzioni tangibili per il lavoro precario, la casa, il caro vita.

Eppure, il cuore e la testa non devono essere in conflitto. La politica, per essere efficace, deve saper parlare sia alla ragione che all'emozione, offrendo una visione che scaldi l'animo e allo stesso tempo risolva i problemi quotidiani.

La testa: Idee e visione

Una sinistra vincente non può rinunciare alla complessità delle grandi sfide del nostro tempo. Deve continuare a immaginare un futuro diverso, basato su:

- **Una giustizia economica radicale:** Politiche per ridurre le disuguaglianze, redistribuire ricchezza e garantire opportunità a tutti.
- **La transizione ecologica e sociale:** Un modello di sviluppo sostenibile che metta al centro l'ambiente senza dimenticare i lavoratori e le classi più fragili.
- **La democrazia partecipativa:** Riforme che riportino i cittadini al centro delle decisioni, riducendo il distacco tra politica e società.

Questa visione deve essere chiara, coraggiosa e comunicata con determinazione, ma non basta. Senza una connessione emotiva e pratica con la vita reale delle persone, anche la migliore delle idee rischia di rimanere sterile.

Il cuore: Bisogni e connessione emotiva
La politica è anche emozione, empatia e comprensione. La sinistra deve tornare a parlare al cuore delle persone, riconoscendo le loro paure e speranze, costruendo un rapporto di fiducia che nasce dall'ascolto e dalla presenza.

- **La paura del futuro:** La precarietà economica, il cambiamento climatico e l'insicurezza sociale generano ansie che la sinistra deve affrontare senza paternalismi, ma offrendo soluzioni concrete.
- **Il desiderio di dignità:** Ognuno cerca rispetto, riconoscimento e la possibilità di una vita migliore. La sinistra deve riscoprire il linguaggio

della dignità, parlando con semplicità e sincerità a chi si sente invisibile.

- **La solidarietà:** In un mondo frammentato, la sinistra può vincere proponendo un modello di società basato sulla comunità e sul mutuo sostegno.

Il cuore non è solo retorica, ma azione. Significa essere presenti nei luoghi di lavoro, nelle periferie, nelle piazze, vivendo i problemi delle persone, non osservandoli dall'esterno.

Riconnettere testa e cuore: Un progetto politico integrato

La vera sfida per la sinistra è riconciliare testa e cuore in un progetto politico coerente e integrato. Questo richiede:

- **Una visione pratica e comprensibile:** Le grandi idee devono tradursi in soluzioni semplici, capaci di migliorare la vita delle persone nel breve termine e costruire un futuro più equo.
- **Un linguaggio accessibile e ispirante:** Parlare con chiarezza e passione, evitando il tecnicismo freddo e il moralismo distante.
- **Un dialogo continuo con i cittadini:** Le politiche non devono essere imposte, ma co-costruite insieme alle comunità, ascoltando e rispondendo ai loro bisogni.

Questo significa riconoscere che la politica non è solo razionalità o strategia, ma anche una questione di appartenenza, di sentirsi parte di un progetto più grande, capace di dare senso e speranza.

Un futuro che è ancora possibile

La sinistra può ancora vincere se torna a essere credibile, vicina e umana. Deve ricordare le sue radici – la lotta per i lavoratori, i diritti, la giustizia – e adattarle ai nuovi tempi, senza mai perdere di vista chi lotta ogni giorno per vivere con dignità.

Come diceva Berlinguer: *"La questione morale esiste da tempo, ma oggi è diventata la questione centrale, perché riguarda il rapporto tra i cittadini e la politica."* Riconnettere testa e cuore significa proprio questo: ricostruire un rapporto di fiducia, dimostrando che la politica può essere uno strumento di cambiamento reale e positivo.

Come diceva Antonio Gramsci: *"Il pessimismo dell'intelligenza non deve mai prevalere sull'ottimismo della volontà."* La sinistra può ancora vincere, se ha il coraggio di osare e di ricostruire il proprio legame con le persone, partendo dai loro bisogni, dalle loro paure e dalle loro speranze.

La sinistra può ancora vincere, ma solo se tornerà a parlare non solo alla ragione, ma anche all'anima delle persone. Solo così potrà riscoprire la sua missione storica: cambiare il mondo partendo dai bisogni più semplici e dalle speranze più profonde di chi lo abita.